TOMANDO DECISÕES DE MANEIRA CRIATIVA

Usando a Incerteza Positiva

Como Usar Tanto Técnicas Racionais Quanto
Intuitivas para Tomar as Melhores Decisões

Tradução
Luiz Liske

Caro Leitor,

**A Qualitymark está utilizando o
Papel Pólen, o primeiro papel
especial para leitura, que reduz
o reflexo da luz. Sua tonalidade areia
permite uma leitura confortável
e prolongada.**

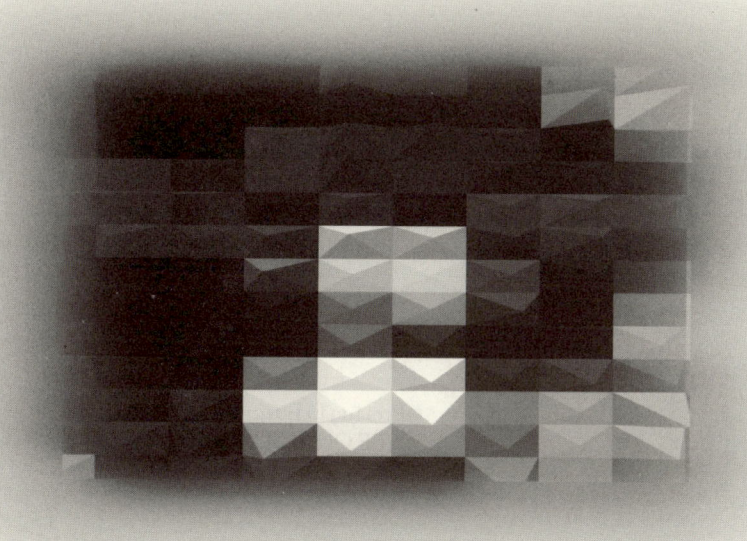

H. B. GELATT

TOMANDO DECISÕES DE MANEIRA CRIATIVA

Usando a Incerteza Positiva

Como Usar Tanto Técnicas Racionais Quanto
Intuitivas para Tomar as Melhores Decisões

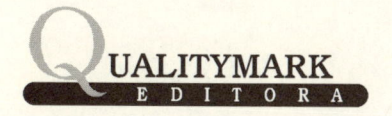

QUALITYMARK
EDITORA

Copyright © 1998 by Crisp Publications, Inc.
Todos os direitos em língua portuguesa reservados à Qualitymark Editora Ltda. É proibida a duplicação ou reprodução deste volume, ou de parte do mesmo, sob qualquer meio, sem a autorização expressa da Editora.

Direção Editorial
SAIDUL RAHMAN MAHOMED

Produção Editorial
EQUIPE QUALITYMARK

Capa
WILSON COTRIM

Editoração Eletrônica
UNIONTASK TECNOLOGIA E SERVIÇOS

CIP-Brasil. Catalogação-na-fonte.
Sindicato Nacional dos Editores de Livros, RJ.

S439vi Scott, Cynthia D.
      Visão, valores e missão organizacional: construindo a organização do futuro/ Cynthia D. Scott, Dennis T. Jaffe e Glenn R. Tobe; [tradução de Eliana Chiocheti]. – Rio de Janeiro: Qualitymark Ed., 1998.

      Tradução de: Organizational visions, values and missions
      Inclui bibliografia
      ISBN 85-7303-189-1

      1. Planejamento empresarial. 2. Administração de empresas – Participação dos empregados. I. Jaffe, Dennis T. II. Tobe, Glenn R. III. Título.

98-1232   CDD 658.406
                                                                                      CDU 65.011.8

1998
Qualitymark Editora Ltda.
Rua Felipe Camarão, 73
20511-010 – Rio de Janeiro – RJ
Tel.: (021) 567-3311/3322
Fax.: (021) 204-0687
QualityPhone:
0800-263311
E-Mail: quality@unisys.com.br
IMPRESSO NO BRASIL

PREFÁCIO

A primeira coisa que você precisa saber sobre este livro é que o autor mudou de idéia. É embaraçoso admitir isso porque sou considerado uma autoridade em tomada de decisão. Da mesma forma que outros "especialistas de decisão", desenvolvi modelos racionais, inventei fórmulas lógicas e prescrevi técnicas científicas para decidir. Até escrevi um guia tipo "como fazer" para tomar decisões com o intuito de ensinar a tomar decisões de maneira racional. A forma "certa" de decidir era a "forma científica". Parecia simplesmente lógico ser lógico quando se toma decisões.

Contudo, mudei de idéia. Aquela que já foi a maneira de decidir, agora não é mais. Não é mais porque as coisas não são mais como antes. Até mesmo a ciência não é mais o que costumava ser. Mas este não é um livro sobre tomada de decisão de forma intuitiva ou pelo instinto. Os métodos racionais, lógicos e científicos não se tornaram subitamente obsoletos, mas apenas insuficientes.

O que é necessário agora é equilíbrio. Hoje em dia tudo está mudando tão depressa que não é prudente confiar apenas em velhas formulas, práticas padronizadas e modelos limitados para decidir o que fazer. É preciso encontrar um equilíbrio entre sempre decidir através da observância estrita de uma fórmula científica e sempre decidir por instinto. Não é nenhum aperfeiçoamento ser totalmente guiado pela intuição, ao invés de ser totalmente guiado pela lógica.

Quero assegurar, antes que você continue a leitura, que estou ciente de que ninguém toma sempre decisões através da lógica racional, nem mesmo quando eu estava pregando isso e isso era considerado sabedoria convencional. As pessoas nem sempre praticam aquilo que é pregado. Mark Twain disse uma vez: "tenha um lugar para cada coisa e ponha a coisa em algum outro lugar. Isto não é um conselho; é apenas um costume." Ele estava destacando que a sabedoria convencional freqüentemente é diferente da prática comum. As pessoas nem sempre fazem o que parece ser o lógico.

É por isso que este livro foi escrito. Precisamos de alguns conselhos sobre decisão que sejam mais relacionados com aquilo que as pessoas fazem do que com o que os especialistas dizem que deveriam fazer. Neste livro estou dizendo: "tenha um processo lógico para tomar decisões e use algo mais. Isto *é* um conselho e um hábito". Contudo, este algo mais que estou defendendo é a incerteza positiva. A incerteza positiva é uma estratégia equilibrada, versátil, que usa todo o cérebro, e é equipada com as ferramentas criativas da flexibilidade, otimismo e imaginação.

(Continua)

PREFÁCIO (Continuação)

Este livro assume o desafio de reunir a doutrina da tomada de decisão da ciência clássica e os *insights* da ciência moderna e reposicioná-los num processo flexível e equilibrado para tomar decisões hoje acerca de amanhã. A incerteza positiva combinará, de forma paradoxal, técnicas intelectuais/objetivas e técnicas imaginativas/subjetivas numa sabedoria não-convencional para planejar o futuro e tomar decisões de maneira criativa.

Para os leitores que estiverem preocupados com a possibilidade de eu mudar de idéia novamente, deixem-me afirmar uma coisa: eu vou. Felizmente, esta é uma característica cuja época chegou. Mudar de idéia será uma habilidade essencial para a tomada de decisão no futuro. Manter a mente aberta será outra. Aprender a ser bom quanto a não ter certeza está se tornando um bem dos dias atuais, na tomada de decisão. A parte difícil de aprender é ser positivo em relação à incerteza.

O conselho equivocado da incerteza positiva, de um autor que reconhecidamente muda de idéia, deve prepará-lo para lidar com a ambigüidade, guiá-lo para aceitar a inconsistência e ajudá-lo a abraçar a incerteza. Parece ser paradoxal ser incerto e positivo, para aprender a tomar decisões e mudar de idéia, e ser, ao mesmo tempo, tanto racional quanto intuitivo? Sim, mas você já reparou como o futuro é cheio de paradoxos? Este livro recomenda uma abordagem equilibrada e paradoxal para tomar decisões em relação ao futuro quando você não souber o que ele será.

H. B. Gelatt

SOBRE ESTE LIVRO

Tomando Decisões de Maneira Criativa Usando a Incerteza Positiva é diferente da maioria dos livros. Ele tem um formato peculiar, com "ritmo próprio," que incentiva o leitor a se envolver pessoalmente e experimentar imediatamente novas idéias.

Experimentar novas idéias é, na verdade, o tema principal deste livro. O leitor estará familiarizado com alguns dos conselhos apresentados e será apresentado a outros que são novos e desconhecidos. Juntar o novo com o familiar é o que leva à tomada de decisão de maneira criativa com o uso da incerteza positiva.

Tomando Decisões de Maneira Criativa Usando a Incerteza Positiva (e os demais livros listados no final deste livro) pode ser usado de maneira eficaz, de várias formas. Aqui estão algumas possibilidades:

— **Estudo individual**. Como este livro é autodidático, tudo que é necessário é um local silencioso, algum tempo e um lápis. A realização das atividades e exercícios fornecerá um *feedback* precioso, além de idéias práticas que você pode usar imediatamente.

— ***Workshops* e seminários**. O livro é ideal para leitura obrigatória antes de um *workshop* ou seminário. Com os conceitos básicos à mão, a qualidade da participação será melhor e será possível gastar mais tempo em extenções e aplicações do conceito durante o programa. O livro também é eficaz quando distribuído no início de uma seção, e os participantes tomam contato com o conteúdo.

— **Treinamento a distância.** Os livros podem ser enviados àqueles que não podem participar de treinamentos na sede da empresa.

Existem outras possibilidades que dependem dos objetivos, do programa ou das idéias do usuário. Para obter mais informações acerca dessas possibilidades, *workshops*, seminários ou palestras, entre em contato com o autor, cujo endereço é fornecido na próxima página.

SOBRE O AUTOR

H. B. Gelatt, Doutor em Educação, é um conferencista, apresentador de seminários, autor e consultor. Suas especialidades são tomada de decisão, desenvolvimento de carreira, aconselhamento, concepção de futuro e renovação educativa.

H. B. recebeu seus graus de Mestrado e Doutorado em psicologia de aconselhamento, na Universidade de Stanford. Ele é um psicólogo licenciado no estado da Califórnia.

Após uma carreira bem-sucedida em educação, H. B. devotou seu tempo à consultoria, pronunciamento de palestras, treinamento e autoria. Seus clientes incluem os Institutos Americanos para Pesquisa, o Conselho Educativo, a Fundação Kellogg, a Fundação McDaniel, o Departamento de Educação do Estado da Califórnia, associações profissionais, várias instituições educativas, além de várias outras organizações públicas e privadas.

Para informações sobre *workshops* ou apresentações de seminários, palestras ou atividades de treinamento, escreva ou telefone para: Dr. H. B. Gellatt, 30 Farm Road, Los Altos, CA 94024, (415) 967-8345. Seus comentários ou perguntas sobre a incerteza positiva também são bem-vindos.

AGRADECIMENTOS

O meu primeiro reconhecimento e agradecimento precisa ser dirigido à minha esposa, Carol, por suas idéias criativas, edição habilidosa e constante incentivo. Ela me manteve positivo enquanto atravessava alguns momentos de incerteza.

Minha gratidão e agradecimentos também vão para Betsy Collard, Diretora de Programas no Carrer Action Center em Palo Alto, por ter me apresentado a Mike Crisp e por sua constante atividade de leitura, crítica e revisão das inúmeras versões deste livro, que sempre resultaram em aprimoramentos.

E meus agradecimentos especiais a Don Hays, Dale Burklund, Margaret Burklund, Glen Toney, Dick Carey, Joan Stanley e Ward Winslow por suas críticas e *feedback* em vários estágios do manuscrito.

SUMÁRIO

Introdução 1

Planejando o Futuro Com Incerteza 2

Mais Informação Pode Significar Mais Incerteza 3

O Processo Dois por Quatro 6

Os Quatro Princípios Paradoxais 7

Os Quatro Princípios Paradoxais? 11

De Onde Vem a Incerteza Positiva? 13

Princípio Paradoxal Nº 1 15

Princípio Paradoxal Nº 2 25

Princípio Paradoxal Nº 3 37

Princípio Paradoxal Nº 4 49

Um resumo da Incerteza Positiva 65

Epílogo: A Incerteza Positiva É Válida? 69

Referências Bibliográficas 70

A INCERTEZA POSITIVA É UMA ABORDAGEM QUE USA TODO O CÉREBRO PARA PLANEJAR O SEU FUTURO

Um plano pessoal para tomar decisões acerca do futuro quando você não sabe o que ele será.

Uma abordagem flexível e ambidestra para administrar a mudança, usando tanto sua mente racional quanto a intuitiva.

INTRODUÇÃO

> *O problema com o futuro é que ele não é mais como costumava ser.*
> **Paul Valery**

A vida é como um rio e cada um de nós toma decisões todos os dias sobre como navegá-lo. A maneira como o rio flui está mudando. No passado, o rio geralmente era calmo, um tanto previsível e moderadamente administrável. O rio do futuro é mais turbulento, geralmente imprevisível e muito menos administrável. Nosso rio está mudando e nosso modo de navegá-lo também deveria estar. A vida no novo rio significa que precisamos aprender não apenas a esperar a mudança e reagir a ela, mas também a imaginar a mudança e criá-la.

Este livro apresenta um novo processo, chamado de Incerteza Positiva, para tomar decisões em tempos de mudança. *Incerteza* descreve as condições atuais do rio da vida. O tomador de decisões bem-sucedido, navegando o rio, precisa ser compreendido, aceito, até mesmo *positivo* sobre a incerteza. O mundo de hoje, tal como o rio atual, está em constante mudança. Aquele que toma decisões nos dias atuais deve ser tão capaz de mudar quanto o meio ambiente.

Um rio calmo correndo por um terreno plano, em tempo bom, é um sistema linear. Nossos métodos científicos lineares tornam possível explicar, prever e controlar o rio tranqüilo. Por outro lado, e contrastando com isso, uma corrente turbulenta, descendo uma montanha, onde as águas jorram sobre rochas e giram em torno de redemoinhos, é um sistema não-linear. Pelo fato de os métodos científicos lineares do passado não serem capazes de prever o comportamento caótico de um rio turbulento, surgiu uma nova ciência. A velha ciência não ficou obsoleta, mas apenas insuficiente.

A ciência não-linear (física qüântica) foi inventada para pôr a ordem no caos. Sabemos como tomar decisões racionais e lineares, em um rio calmo e previsível, mas será que sabemos como administrar as partes extraordinariamente complexas e aleatórias do rio turbulento? Precisamos de algumas estratégias decisórias não-racionais e não-lineares. Precisamos de táticas tanto para a calmaria como para o aleatório; precisamos de aptidões e atitudes decisórias tanto para a ordem quanto para o caos, para a estabilidade e para a inconsistência. Precisamos de flexibilidade e equilíbrio. Esperamos que você encontre isso neste livro.

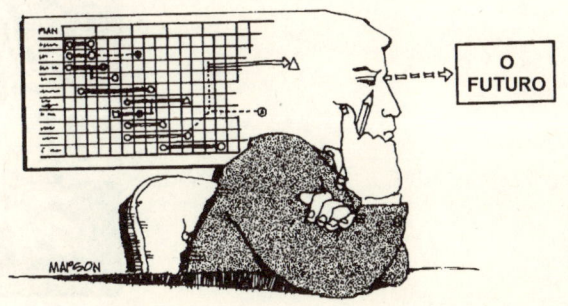

PLANEJANDO O FUTURO COM INCERTEZA

Normalmente, no passado, a previsão do futuro era uma atividade difícil; atualmente, o simples ato de planejar para o futuro é difícil. Um dos motivos que torna o planejamento tão difícil atualmente é que a previsão do futuro passou da categoria de difícil para a de impossível. Na verdade, há quase 20 anos, Donald Michael, no livro *On Learning to Plan and Planning to Learn*, concluiu que o planejamento social e organizacional de longo prazo era "impraticável" porque, entre outros motivos, o futuro é muito imprevisível e as pessoas apresentam um grau limitado de racionalidade.

Estes dois fatores, a imprevisibilidade do futuro e a racionalidade limitada das pessoas, tornam o planejamento organizacional e pessoal impraticável — *a menos que mudemos a maneira de planejar e tomar decisões*. Primeiro precisamos aceitar, ou até mesmo abraçar dois fatos: o futuro não pode ser previsto e as pessoas não decidem de forma racional. Depois precisamos abandonar nossa abordagem de prever o futuro para adotar uma que vise criá-lo, reconhecendo que o futuro é nossa responsabilidade presente. Finalmente, precisamos desalojar a superioridade da tomada de decisão racional em relação à intuitiva, porque precisamos igualmente destas duas estratégias para tomar boas decisões.

Este livro mostrará por que estas mudanças são necessárias e como elas podem ser realizadas. A ênfase é dada sobre o planejamento e tomada de decisão pessoais, mas os mesmos princípios se aplicam ao planejamento e tomada de decisão organizacionais. O requisito principal para que os leitores sejam bem-sucedidos ao lerem este livro é que tenham pelo menos um grau modesto de incerteza.

Se você já pensou "toda vez que tomo uma decisão, fico cheio de dúvidas", este livro é para você. Ou se nunca sentiu qualquer incerteza acerca de suas escolhas, este livro é para você. A incerteza é um bem. É uma aptidão que você pode aprender. A parte "como" deste livro apresenta uma filosofia moderna e paradoxal de planejamento e tomada de decisão chamada incerteza positiva.
O leitor apreenderá a aceitar a incerteza como uma condição do passado, presente e futuro e se sentir positivo acerca desta incerteza.

MAIS INFORMAÇÃO PODE SIGNIFICAR MAIS INCERTEZA

Antes de o rádio, a televisão, os computadores e as antenas parabólicas se tornarem coisas triviais, as decições da vida freqüentemente eram tomadas com base em pouquíssimas informações. Atualmente, a tecnologia provocou um excesso de informações. Mas o problema para aqueles que tomam decisões continua o mesmo: incerteza. Para ilustrar esse paradoxo, vamos examinar o seu próprio processo de tomada de decisão, respondendo as perguntas a seguir:

1. Você toma café? ☐ sim ☐ não

2. Se sim, normal ou sem cafeína? ☐ normal ☐ s/cafeína

   Com que freqüência? ☐ ocasionalmente ☐ sempre

3. Liste os motivos para suas repostas às perguntas anteriores.
   _____
   _____
   _____

4. A cafeína faz mal à saúde? ☐ sim ☐ não ☐ talvez

5. O café sem cafeína faz menos mal? ☐ sim ☐ não ☐ talvez

6. Você tomará café no futuro? ☐ sim ☐ não ☐ talvez

Muitas pessoas tomam decisões acerca do consumo de alimentos com base naquilo que sabem sobre os efeitos sobre a saúde. Tomam suas decisões com base naquilo que lêem e em outras fontes de informação: propagandas, pesquisas, e outras.

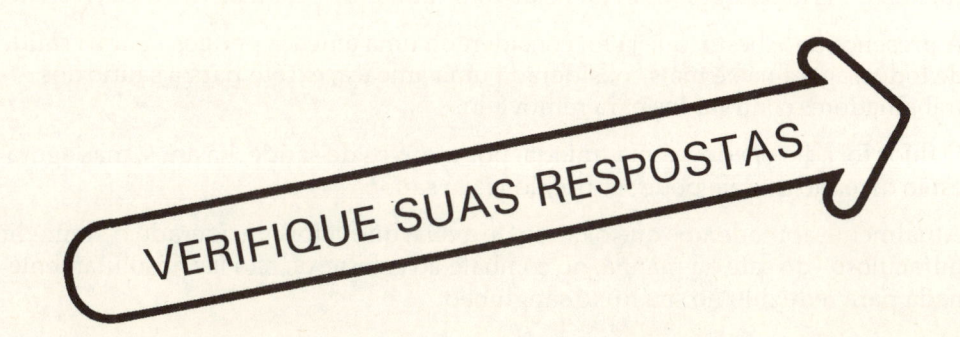

Na página seguinte é apresentado um resumo de estudos de pesquisas sobre os efeitos do café na saúde. Leia o resumo e depois responda as perguntas 4, 5 e 6 novamente.

VERIFIQUE SUAS RESPOSTAS →

INFORMAÇÕES DE PESQUISAS SOBRE O CAFÉ

Tomar café faz mal à sua saúde? A resposta depende de como você faz ou ingere (a pesquisa, não o café), de quanta informação dispõe e de quando você teve acesso a ela. Por exemplo:

- Numa reportagem há vários anos, no *New York Times*, afirmava-se que a cafeína poderia contribuir tanto para doenças cardíacas quanto para aliviar seus sintomas.

- Posteriormente, a *Wellness Letter* de uma Universidade da Califórnia (Berkeley) disse que a cafeína aumenta, diminui, ou não altera o ritmo cardíaco, o ritmo metabólico, e os níveis de concentração de glicose e colesterol.

- Recentemente, um estudo feito pela Universidade de Stanford, descobriu que o café sem cafeína provocava um aumento de 7% na taxa de colesterol.

- Um outro estudo, feito na Universidade de Boston, sugeria que cinco ou mais xícaras de café por dia, fosse ele com ou sem cafeína, poderiam reduzir o risco de câncer no cólon em mais de 40%.

- Em outubro de 1990, um estudo feito pela Universidade de Harvard em 45.589 homens provou (mais ou menos) que tomar café não torna as pessoas mais propensas a desenvolver doenças cardíacas. Contudo, homens que tomavam café sem cafeína, mostravam uma incidência ligeiramente mais alta de ataques cardíacos e derrames.

- Uma dica maliciosa. A publicação médica *Archives of Internal Medicine (Arquivos de Medicina Interna)* de 1990 relatou que o consumo de pelo menos uma xícara de café por dia mantém as pessoas mais idosas sexualmente ativas.

Voltemos agora às perguntas 4, 5 e 6.

4. A cafeína faz mal à saúde? ☐ sim ☐ não ☐ talvez

5. O café sem cafeína faz menos mal? ☐ sim ☐ não ☐ talvez

6. Você tomará café no futuro? ☐ sim ☐ não ☐ talvez

As pesquisas sobre o consumo de café certamente criam condições para a incerteza. Isto não faz você ponderar se mais informação necessariamente esclarece os problemas? Eis mais algumas evidências conflitantes de pesquisas médicas recentes:

- A presença de asbesto, que já foi considerada uma ameaça perigosa para a saúde de todos, agora não é mais considerada uma ameaça, exceto para a saúde dos trabalhadores contratados para removê-lo.

- O flúor foi adicionado à água tratada, por motivos de saúde, há anos, mas agora estão dizendo que ele pode ser prejudicial à saúde.

- Atualmente aprendemos que o farelo de aveia, que já foi considerado o "remédio miraculoso" do café da manhã, no combate ao colesterol, não faz absolutamente nada para reduzi-lo no seu fluxo sangüíneo.

O problema com a tomada de decisão sobre o café e centenas de outras opções diárias é que geralmente recebemos informações incompletas, conflitantes, irrelevantes e até mesmo, em alguns casos, incorretas. E depois que você tomou a decisão, é difícil mudar, mesmo dispondo de novas informações. As informações novas e "saudáveis" sobre o café provavelmente não reverterão a tendência decrescente de tomar café, por dois motivos: (1) a nova evidência (cafeína não faz mal) não é capaz de superar as crenças antigas (cafeína faz mal à saúde), e (2) o poder da informação divulgada pelo *marketing* e pela propaganda está fazendo com que as pessoas tomem uma bebida cola, gelada, no lugar de café quente. Algumas vezes nossas mentes mudam a informação quando o conhecimento velho bloqueia o novo. E às vezes as informações tomam decisões por nós, de forma inconsciente.

As pesquisas sobre saúde, naturalmente, não constituem as únicas informações que você conhece e usa para decidir sobre tomar café ou não. A soma total daquilo que você *sabe* não é a única base para tomada de decisão. Você também toma decisões com base naquilo em que *acredita*. Agora as coisas ficam mais complicadas. E ficam complicadas por causa daquilo que aprendemos sobre o poderoso relacionamento entre aquilo que queremos, aquilo em que acreditamos e aquilo que sabemos quando vamos tomar uma decisão. É este relacionamento poderoso que determina o que é que *vamos fazer*. É isso que explica parcialmente a imprevisibilidade do futuro e a racionalidade limitada das pessoas.

São estes fatores que explicam por que uma estratégia totalmente racional, sistemática e precisa é considerada "impraticável" para o planejamento e tomada de decisão. A Incerteza Positiva usa quatro fatores pessoais importantes em toda tomada de decisão — o que queremos, o que sabemos, em que acreditamos e o que fazemos — como uma estrutura para seu "processo 2 por 4" de tomada de decisão, quando o futuro não é o que costumava ser e não sabemos o que ele será.

O PROCESSO DOIS POR QUATRO

Duas Atitudes

1. Aceitar o passado, o presente e o futuro como incertezas.

2. Adotar uma atitude positiva acerca da incerteza.

Quatro Fatores

1. O que você quer.

2. O que você sabe.

3. Em que você acredita.

4. O que você faz.

A Incerteza Positiva usa estas atitudes e fatores para gerar flexibilidade e equilíbrio. Ela faz isso combinando a abordagem tradicional, linear, racional, e do cérebro esquerdo, com a abordagem criativa, não-linear, intuitiva e do cérebro direito e ...? criando um conjunto de princípios ambíguos e paradoxais para o planejamento e a decisão.

As estratégias tradicionais para tomada de decisão dizem que quando se está tomando uma decisão, deve-se:

- Direcionar-se, estabelecendo metas claras.
- Estar informado, através da coleta de fatos relevantes.
- Ser objetivo, prevendo resultados mais prováveis.
- Ser prático, pela escolha racional de nossas ações.

A Incerteza Positiva sugere quatro variações criativas, mas paradoxais, desses procedimentos tradicionais e racionais, como sendo princípios modernos e equilibrados:

- Direcionar-se e ser flexível.
- Estar bem informado e ser prudente.
- Ser objetivo e otimista.
- Ser prático e mágico.

Estas variações derivam de quatro fatores e duas atitudes. Elas se tornarão os quatro princípios paradoxais da Incerteza Positiva. Após cada um dos princípios existe um exemplo de um tomador de decisões tradicional que precisa se tornar equilibrado em sua abordagem de tomada de decisão. Você consegue se identificar com algum deles?

OS QUATRO PRINCÍPIOS PARADOXAIS

I. *Direcione-se* **e seja** *flexível* **acerca daquilo que você** *quer*.

> Juanita se direcionava; ela traçava um objetivo e se concentrava nele. O destino era a parte importante da vida. "Afinal de contas", dizia ela, "se você não se importa para onde está indo, não faz a mínima diferença para onde você vai".
>
> Ela estabeleceu suas metas bem cedo na vida. Juanita queria ser Diretora Presidente. Seus objetivos eram dinheiro e poder. Juanita tinha a coragem de assumir suas convicções. A mudança de metas estava fora de cogitação.
>
> E então, depois de anos, subindo a escada do sucesso dentro da corporação, Juanita descobriu que estava apoiada na parede errada. Quando chegou ao topo, não estava onde queria estar. Juanita tinha dinheiro e poder, mas descobriu que desejava empreendimento e um estilo de vida equilibrado.
>
> Talvez fosse bom que Juanita aprendesse a se tornar flexível além de ser direcionada.

Você é como Juanita? Onde você se posiciona nesta escala contínua de Incerteza Positiva?

Dê uma nota para si, colocando um X no local adequado.

Muito direcionado		Equilibrado		Muito Flexível
1 —————— 2 —————— 3 —————— 4 —————— 5				

JUANITA: DINHEIRO E PODER

OS QUATRO PRINCÍPIOS PARADOXAIS
(Continuação)

II. Esteja *bem informado* **e seja** *prudente* **acerca daquilo que você** *sabe*.

> Susan era esperta. Estava por dentro do que estava acontecendo. Ela acreditava que "o que você sabe leva você para onde quer ir". O importante era obter as informações; na verdade, acreditava que dispor dos fatos era ter conhecimento. Susan sempre foi bem na escola, porque era boa na coleta de fatos. Ao escolher a faculdade, ela usou todas as fontes de informações: leitura de catálogos, visitas às faculdades, consulta a programas de computador para seleção de faculdades, e conversas com alunos. Quando tomou sua decisão, estava ciente dos fatos.
>
> Contudo, logo depois de entrar na faculdade, Susan percebeu que a informação (dispor do conhecimento) de antes de uma tomada de decisão não é a mesma de depois. Descobriu que a informação se torna rapidamente obsoleta: quanto mais você sabe, mais percebe que não sabe, e que não existe uma coisa chamada "informação inocente".
>
> Talvez fosse bom que Susan aprendesse a se tornar prudente além de ciente.

Você é como Susan? Onde você se posiciona, nesta escala contínua de Incerteza Positiva?
Dê uma nota para si, colocando um X no local adequado

Muito Ciente		Equilibrado		Muito Prudente
1	2	3	4	5

SUSAN COLETA OS FATOS

III. Seja *objetivo* e *otimista* acerca daquilo em que você *acredita*.

> Dave era objetivo; ele era realista quanto ao seu futuro. Certamente não faria qualquer besteira em relação àquilo que poderia realizar na vida e sobre quanto controle tinha sobre seu futuro. Seu planejamento sempre foi pé-no-chão.
>
> Dave achava que era importante "ver as coisas como elas realmente são, e não como gostaria que fossem". Quando a carreira de sua mulher exigiu uma mudança para outra parte do país, Dave sabia que era bom para ela, mas uma péssima notícia para ele. Ele não conseguia se imaginar feliz em um novo ambiente. Provavelmente não encontraria emprego e não teria muito jeito para fazer novos amigos. Dave queria ter sucesso, mas ele também era realista.
>
> Mas Dave não percebeu que, muitas vezes, a vida é uma profecia auto-realizável. O que ele iria realizar seria determinado, em grande parte, pela sua visão de si mesmo e de seu futuro. E, por sua vez, o grau de controle que ele assumiu sobre seu futuro também seria determinado por estes mesmos enfoques.
>
> Talvez fosse bom que Dave aprendesse a se tornar otimista além de objetivo.

Você é como Dave? Onde você se posiciona nesta escala contínua de Incerteza Positiva?
Dê uma nota para si, colocando um X no local adequado.

Muito Objetivo   **Equilibrado**   **Muito Otimista**

1 ———— 2 ———— 3 ———— 4 ———— 5

DAVE: OBJETIVO E REALISTA

OS QUATRO PRINCÍPIOS PARADOXAIS
(Continuação)

IV. Seja *prático* e *mágico* naquilo que você *faz*.

> Alan era prático; seus planos e decisões eram sempre do tipo empresarial e metódicos. Ele dizia: "eu sempre tomo minhas decisões usando minha cabeça, e não minha intuição".
>
> Quando Alan tomava decisões empresariais e financeiras importantes em sua vida, se baseava em lógica científica, e não na imaginação inconfiável. Afinal de contas, ele argumentava, o método científico tem sido o método adotado há um longo tempo. Se funciona, é melhor não mexer.
>
> Mas Alan não percebia que nem sempre usava o método científico, mesmo em decisões empresariais e financeiras, e nem que o método científico já havia sido "mexido". Uma nova ciência agora está sugerindo que a intuição não é apenas mágica, mas real. Os dois lados funcionais de todo cérebro agora são reconhecidos: um lado esquerdo para pensamentos racionais, e um lado direito para pensamentos intuitivos. Duas cabeças funcionam melhor do que uma.
>
> Talvez fosse bom que Alan aprendesse a se tornar mágico além de prático.

Você é como Alan? Onde você se posiciona nesta escala contínua de Incerteza Positiva?
Dê uma nota para si, colocando um X no local adequado.

Muito Prático		Equilibrado		Muito Mágico
1 —	2 —	3 —	4 —	5

Resumo dos Quatro Estudos de Caso

Os quatro princípios paradoxais equilibram o racional/lógico com o intuitivo/imaginativo na tomada de decisão humana, e eles levam em conta o que já aprendemos acerca de como o cérebro funciona e como são importantes a atitude e a crença na determinação daquilo que fazemos. *O momento que decidir que aquilo que você fizer faz a diferença, ele fará uma diferença naquilo que você faz.*

Os novos princípios paradoxais também se parecem mais com a maneira como as pessoas realmente tomam decisões. Embora algumas pessoas sejam melhores com o uso do pensamento do lado esquerdo ou direito do cérebro, a maioria utiliza os dois lados quando tomam decisão. A aptidão necessária no futuro será a habilidade de equilibrar os dois lados.

A seguir há um questionário para determinar se sua experiência na tomada de decisão coincide com os princípios que estamos propondo. Para descobrir, responda o questionário.

QUESTIONÁRIO: VOCÊ ESTÁ PREPARADO PARA OS PRINCÍPIOS PARADOXAIS?

Responda sim ou não para as seguintes perguntas.

___ 1. Você já quis muito alguma coisa e, tendo obtido, descobriu que queria outra coisa?

___ 2. Você já estabeleceu uma meta clara, ou um objetivo preciso e descobriu algo melhor, no meio do caminho?

___ 3. Você já vivenciou estranhas coincidências?[1]

___ 4. Você já se flagrou tendo "pensamentos difusos"?[2]

___ 5. Você já percebeu como uma vantagem *não* saber de algo?

___ 6. Às vezes você tem medo de obter uma segunda opinião?

___ 7. Você se sente mais à vontade com o passado do que com o futuro?

___ 8. Você já sofreu uma experiência de desinformação?

___ 9. Você já distorceu a verdade?

___ 10. Às vezes você se sente pouco à vontade com a realidade?

___ 11. Você já percebeu que desejos positivos podem ser uma vantagem?

___ 12. Você já vivenciou uma "profecia auto-realizável"?

___ 13. Você já tomou uma decisão importante de uma maneira não totalmente racional?

___ 14. Você já tomou a decisão de não decidir?

___ 15. Você acha mais fácil ser o resultado do passado do que a causa do futuro?

___ 16. Você já vivenciou uma experiência de clarividência?

VIRE A PÁGINA

---
1 N. do T. *Serendipity*, no original.
2 N. do T. *Fuzzy thinking* no original.

RESPOSTAS: VOCÊ ESTÁ PREPARADO?

Se você respondeu sim para mais da metade das perguntas da página 11, então sua experiência passada diz que uma abordagem equilibrada para tomar decisões lhe será adequada no futuro. Se respondeu sim para todas as perguntas, é possível que já esteja lá. Se você não respondeu sim para nenhuma das perguntas, por favor, continue lendo.

As perguntas na página anterior serão todas discutidas na seção seguinte deste livro, que detalhará os quatro princípios e fornecerá conselhos ambíguos e uma fórmula tola para cada um, para ajudá-lo a se tornar criativamente equilibrado na sua futura tomada de decisão.

Visão Geral dos Princípios Paradoxais da Incerteza Positiva

Nº 1 DIRECIONE-SE E SEJA FLEXÍVEL ACERCA DAQUILO QUE VOCÊ QUER.

- Saiba o que você quer, mas não tenha tanta certeza.
- Trate suas metas como hipóteses.
- Equilibre a realização de objetivos com a descoberta deles.

Nº 2 ESTEJA BEM INFORMADO E SEJA PRUDENTE ACERCA DAQUILO QUE VOCÊ SABE.

- Reconheça que conhecimento é poder e que ignorância é uma bênção.
- Trate a memória como uma inimiga.
- Equilibre usando a informação com imaginação.

Nº 3 SEJA OBJETIVO E OTIMISTA ACERCA DAQUILO EM QUE VOCÊ ACREDITA.

- Lembre-se de que a realidade está nos olhos e no Eu daquele que a vê.
- Trate crenças como profecia.
- Equilibre o teste da realidade com anseios otimistas.

Nº 4 SEJA PRÁTICO E MÁGICO ACERCA DAQUILO QUE VOCÊ FAZ

- Aprenda a planejar e planeje para aprender.
- Trate a intuição como uma coisa real.
- Equilibre reagindo à mudança com a provocação da mudança.

DE ONDE VEM A INCERTEZA POSITIVA?

A Incerteza Positiva certamente não é primeira nem a única recomendação para um planejamento e tomada de decisões ambidestra e equilibrada. Os quatro princípios paradoxais estão baseados nos conselhos e nas opiniões de outros autores que construíram abordagens não-convencionais tais como Raciocínio com Lógica Difusa, Remexendo com os Fatos[3], Administração da Bagunça[4], e a Tecnologia da Insensatez[5].

O raciocínio difuso, um ramo da matemática, é definido como "pensamento racional temperado pela intuição". O pensamento difuso sensato é utilizado quando a precisão não é possível ou desejável. Às vezes as coisas podem ficar mais claras tornando-as difusas. Roger Golde escreveu *Muddling Through* como sendo "a arte do gerenciamento correto de uma forma não-empresarial" para superar a lacuna entre a teoria da administração e as realidades da vida na maioria das organizações empresariais. Precisamos de algo para superar a lacuna entre a teoria decisória atual e nossas realidades da vida.

Russell Ackoff, em seu livro *Redesigning the Future*, cunhou o termo "bagunça" para descrever o sistema de problemas tal como entendido pela teoria dos sistemas. Todo problema está inter-relacionado e interage com outros problemas (mesmo um problema simples é uma "minibagunça". Ackoff chama o gerenciamento destes problemas de "administração da bagunça". Os quatro fatores e quatro princípios apresentados aqui devem ser considerados como sendo uma bagunça interligada.

"A Tecnologia da Insensatez" é a resposta de James March contra o abuso da tecnologia da razão. O princípios paradoxais da Incerteza Positiva usam a tecnologia de March para oferecer uma "fórmula insensata" para cada princípio e para apresentar a idéia de uma "insensatez sensata para escapar da lógica de nossa razão".

Transpor a lacuna existente entre a velha teoria e a nova realidade pode significar ter que queimar algumas pontes velhas e cruzar algumas novas. Quais pontes cruzar e quais queimar é uma escolha constante quando planejamos nosso futuro.

---

3 N. do T. *Muddling Through*, no original.
4 N. do T. *Mess Management*, no original.
5 N. do T. *Technology of Foolishess*, no original.

Parte I – PRINCÍPIO PARADOXAL Nº 1
DIRECIONE-SE E SEJA FLEXÍVEL
Quanto Àquilo Que Você Quer

> *Muitos homens vão pescar durante toda sua vida sem perceber que não é atrás do peixe que eles estão.*
>
> Henry Thoreau

Você se lembra do rio da vida? Quando flutua em águas calmas, você é capaz de ver seu objetivo com clareza e suas opções podem ser bem definidas. Contudo, nas corredeiras caóticas você pode ser forçado a mudar de objetivos várias vezes e ficar incapacitado para considerar todas as suas opções. Para navegar com habilidade pelos dois tipos de corrente, você precisa tanto de foco quanto de flexibilidade. Ser direcionado e flexível é como ser positivo e não ter certeza. É um paradoxo, por definição; parece contraditório, mas, ainda assim, pode ser verdadeiro.

Assinale com um X as afirmativas a seguir que você acredita serem verdadeiras.

Metas claras e precisas podem ser uma vantagem porque:
- ☐ Podem focar sua atenção na sua meta.
- ☐ Podem eliminar distrações.
- ☐ Podem aguçar a intuição.
- ☐ Outras: _____

Metas claras e precisas podem ser uma desvantagem porque:
- ☐ Podem programar sua mente de forma muito bitolada.
- ☐ Podem fazer com que você não perceba oportunidades não previstas.
- ☐ Podem cegar sua intuição.
- ☐ Outras: _____

É prudente focar metas claras e precisas?   ☐ Sim   ☐ Não   ☐ Talvez
É prudente ficar alerta para outras metas?   ☐ Sim   ☐ Não   ☐ Talvez

Esta atitude ambígua acerca do planejamento é explicada na expressão *feliz coincidência* como descrito por Linda e Richard Eyre em seu livro intitulado *Life*. A feliz coincidência lhe permite descobrir algo de bom, enquanto procura outra coisa. Mas não se trata apenas de um "feliz acidente". Ela requer que você busque algo (direcione-se), mas que também seja receptivo a algo diferente (seja flexível). Estando direcionado e sendo flexível pode, na verdade, "provocar" a descoberta por uma feliz coincidência.

METAS SERVEM PARA ORIENTAÇÃO:

O que é realmente importante é ser guiado pelas metas, mas não governado por elas

Ter um objetivo claro e preciso e se concentrar nele lhe faz ficar focado na meta. Você não se distrai nem sai da trilha facilmente. Mas a concentração em um objetivo claro e preciso pode ser prejudicial, porque você pode deixar de perceber outras opções úteis. A abordagem focada é muito bem ilustrada por David Campbell: "Se você não sabe para onde está indo, provavelmente vai acabar em algum outro lugar." Mas o corolário seguinte ilustra a necessidade da flexibilidade: "Se você sempre sabe para onde está indo, é muito provável que nunca chegue a outro lugar." Um outro lugar pode ser aquele que você queria ir, mas não sabia. Quando os eventos sofrem mudanças rápidas, você não pode ter certeza se para onde está indo, ou algum outro lugar é onde você desejará estar quando chegar lá.

Mudanças rápidas não são os únicos motivos para ser orientado pelas metas, em vez de ser governado por elas. Muitas vezes as pessoas não sabem o que desejam até conseguirem ou não. Muitas pessoas se esforçam para se tornar o que se tornaram, apenas para descobrir que o que se tornaram não é o que desejam ser.

Por que é que as pessoas não sabem o que querem? Quais são algumas das barreiras para esse conhecimento? Assinale com um X aquelas com as quais você concorda e liste outras que lhe venham à mente.

☐ Informação inadequada   ☐ Agradar outras pessoas
☐ Falta de experiência   ☐ Mudança de valores/crenças
☐ Valores não muito claros   ☐ Mudança de informação
☐ Mudança de condições   ☐ Mudança de experiência
☐ Outras: _____

Saber o que se quer sempre foi uma coisa difícil. Não saber o que se quer pode ser uma séria desvantagem; mas se você acha que é, isto pode fazer com que finja que sabe, e, isso sim, *é* uma séria desvantagem. Ser equilibrado na determinação de metas significa ser flexível quanto ao seu foco. Em outras palavras, você pode planejar, mas deve estar aberto para mudar os seus planos.

EXERCÍCIO DE DETERMINAÇÃO DE METAS

Vamos examinar uma questão universal de estabelecimento de meta.
O que você quer ser quando crescer? A resposta a esta pergunta é a decisão básica de carreira para todos os meninos e meninas. O rio da vida está apresentando alguns novos problemas de decisão, muito interessantes. Talvez estejamos precisando formular uma nova pergunta básica. O que é que você queria ser quando era criança? Escreva uma coisa que consiga se lembrar:

Você é isso agora?_____ Algum dia você foi?_____ Será?_____

Aquilo que você queria ser mudou?_____ Você mudou?_____

Muitas pessoas não são o que queriam ser quando eram jovens. Isto se aplica à escolha de carreira e outros aspectos da vida. As coisas mudam e as pessoas também. E as pessoas mudam de opinião.

Muitas pessoas atualmente estão exercendo profissões que sequer existiam quando estavam crescendo. Liste abaixo três profissões que não existiam quando estava decidindo o que queria ser.

1._____
2._____
3._____

As pessoas mudarão de função de 5 a 10 vezes em sua vida. Liste as funções que você já exerceu em sua vida.

1._____ 6._____
2._____ 7._____
3._____ 8._____
4._____ 9._____
5._____ 10._____

Quando você parou de perguntar "O que vou ser quando crescer?"

Você já é um adulto?   ☐ Sim   ☐ Não   ☐ Não sei
Você já é o que deseja ser?   ☐ Sim   ☐ Não   ☐ Não sei

DETERMINAÇÃO DE METAS (Continuação)

Naturalmente, algumas pessoas efetivamente se tornam o que queriam ser quando eram jovens. Na verdade, algumas pessoas bem-sucedidas e famosas sabiam o que queriam ser desde quando eram crianças. Não é errado saber o que você quer ser, mas é muito útil ser capaz de mudar de opinião. Se você começa em águas calmas e depois se encontra em corredeiras, é muito útil saber fazer mudanças. Às vezes, quando você permanece em águas calmas por um período de tempo muito longo, cria suas próprias ondas para provocar mudanças, para tornar a vida mais interessante. Quem sabe se a nova pergunta sobre a profissão não deveria ser: "o que quero ser enquanto estou crescendo?".

Mas como *saber* o que você quer ser? Como escolher metas? Tomar decisões sobre a profissão e outras questões, ao longo da vida, sem ter metas claras parece ser uma loucura. Mas isso é apenas por causa da antiga doutrina de decisão. A escolha de boas metas deve ser compatível com o processo de tomar boas decisões. Se a tomada de decisão sábia exige que você saiba o que deseja antes de decidir, como pode decidir, com sabedoria, o que você quer? *A tomada de decisão sábia deveria ser um processo tanto para descoberta de metas quanto para sua realização.*

Desta maneira, a tomada de decisão é vista como a causa de novas experiências, conhecimentos, crenças e desejos. Você faz escolhas e aprende com as conseqüências. Se considera a tomada de decisão apenas como um meio de *realizar* desejos, e não *descobri-los*, você toma decisões somente depois que souber quais são as conseqüências que deseja. Assim sendo, os seus desejos são vistos como as causas das suas decisões, não as conseqüências. Será que não deveríamos estar usando um sistema que nos permitisse aprender sobre novos desejos, além de atingir os antigos?

> *Conselho Ambíguo:* **Saiba o que você quer, mas não tenha tanta certeza.**

Uma maneira de saber se o que você quer é aquilo que você quer é não ter muita certeza. Se ficar meio inseguro sobre suas metas, você estará mais propenso a reavaliá-las freqüentemente. O dogma da decisão, "primeiro saiba o que é que você quer", muitas vezes faz as pessoas fingirem que sabem.

MUDANÇAS DE PARADIGMA

Uma outra maneira de examinar o que você quer é olhar para as barreiras de conhecimento. Lembre-se da lista da página 16. Informação de mais ou de menos pode provocar confusão. A mudança de idéias e valores também pode provocar confusão. Muitas coisas estão mudando. Por exemplo, nossa imagem da Terra está mudando, nossa imagem da Lua está mudando, e nossos conceitos de inúmeras leis da ciência já mudaram. Então, por que também não mudar nossas idéias sobre aquilo que queremos ser? Uma boa maneira de verificar se o que você quer mudou é examinar outras mudanças. Essas barreiras para saber o que você quer também são forças que mudam o que você quer.

Por exemplo, "mudanças de paradigma" representam mudanças na maneira de vermos as coisas. Talvez você esteja mudando a maneira como vê as coisas. Sua nova perspectiva pode, por sua vez, mudar aquilo que você quer. O exercício seguinte sobre mudanças de paradigmas pode ajudá-lo a reavaliar suas metas, examinando as mudanças de como você vê as coisas.

Uma Escala Difusa de Classificação

Como é muito difícil ser preciso sobre conceitos imprecisos e ambíguos tais como "a maneira como vejo as coisas," usaremos uma "escala difusa de classificação". Pense sobre seus desejos, valores, ou maneiras de ver as coisas, e tente indicar, na escala difusa de classificação, algumas mudanças de paradigma que esteja vivenciando agora.

A seguir estão dois exemplos de classificações para a mesma mudança de paradigma, usando a técnica *Fuzrate**. Depois de examinar estes dois exemplos, assinale os seus *fuzrates* nos demais. Ponha uma seta na sua posição preferida, na escala. Depois, indique com uma linha quanto para a direita ou para a esquerda está preparado para estender a sua classificação.

EXEMPLO 1

Segurança: Evitando riscos, proteção através de regras.

Espontaneidade: Disposição para arriscar, mudança para o desconhecido.

1 ——— 2 ——— 3 ——— 4 ——— 5

EXEMPLO 2

Segurança: Evitando riscos, proteção através de regras.

Espontaneidade: Disposição para arriscar, mudança para o desconhecido.

1 ——— 2 ——— 3 ——— 4 ——— 5

---

* De Pryor, Hesketh e Gleitzman.

FAÇA UMA AUTO-AVALIAÇÃO

Classificação das Mudanças de Paradigma*

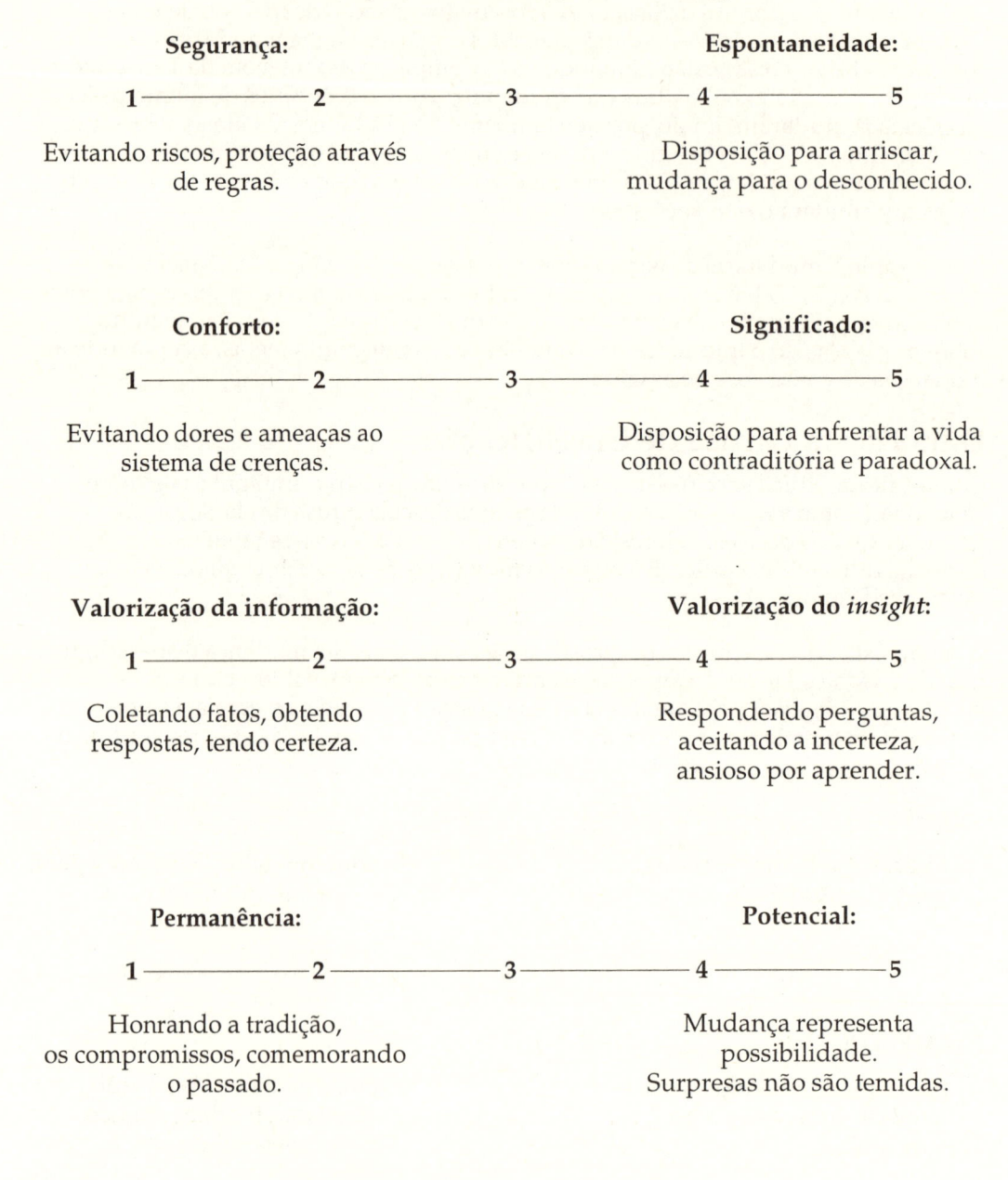

Segurança: **Espontaneidade:**

1———2———3———4———5

Evitando riscos, proteção através de regras.   Disposição para arriscar, mudança para o desconhecido.

Conforto: **Significado:**

1———2———3———4———5

Evitando dores e ameaças ao sistema de crenças.   Disposição para enfrentar a vida como contraditória e paradoxal.

Valorização da informação: **Valorização do *insight*:**

1———2———3———4———5

Coletando fatos, obtendo respostas, tendo certeza.   Respondendo perguntas, aceitando a incerteza, ansioso por aprender.

Permanência: **Potencial:**

1———2———3———4———5

Honrando a tradição, os compromissos, comemorando o passado.   Mudança representa possibilidade. Surpresas não são temidas.

---

* Adaptado de Marilyn Ferguson.

MUDANÇAS DE PARADIGMAS PESSOAIS

Talvez você ache útil examinar as mudanças pessoais ao seu redor, de forma a descobrir possíveis mudanças de paradigma na maneira como você vê as coisas. Preencha os espaços em branco, usando o seu próprio sentimento de mudanças importantes. O primeiro é um exemplo e a lista a seguir pode lhe dar algumas idéias, mas tente usar as suas próprias impressões. Calcule sua posição na escala contínua, usando a técnica *fuzrate*.

Mudanças de Paradigmas Pessoais

A. **Dependente**   **Independente**

    1————————2————————3————————4————————5
    Obediente, subserviente   Autônomo, auto-suficiente

B. _____   _____

    1————————2————————3————————4————————5

C. _____   _____

    1————————2————————3————————4————————5

Tópicos para possíveis mudanças de valores, desejos, maneiras de pensar

Família	Qualidade do trabalho	Poder
Papel da mulher	Saúde pela auto-ajuda	Economia
Independência	Motivação pelo lucro	Evolução
Variedade	Religião	Estilo de vida
Educação	Responsabilidade	Redes de informação
Meio ambiente	Riqueza	Política
Relacionamentos	Honestidade	Liderança
Criatividade	Prestígio	Nacionalismo
Estética	Altruísmo	

DETERMINAÇÃO DE METAS (Continuação)

Fórmula Insensata: **Trate as metas como hipóteses.**

Lembre-se da diretriz que recomenda que você seja orientado pelas metas, mas não governado por elas. O antigo dogma da decisão nos permitia ter dúvidas acerca de quase tudo, exceto da coisa em relação à qual temos nossas maiores dúvidas — nossas metas. Assim sendo, a Incerteza Positiva recomenda uma abordagem experimental para as metas.

Uma maneira de tratar uma meta como hipótese é imaginar sua realização. Quando você escolhe uma meta, a hipótese é que, quando você a realizar se sentirá satisfeito. O resultado o deixará feliz. Você não sabe com certeza até que isso aconteça, mas pode fazer uma experiência imaginando a realização ou não, ou a ocorrência de algo diferente. Você pode até mesmo imaginar não ter uma meta e descobrir como se sente a esse respeito. Na Incerteza Positiva, a capacidade de imaginação é uma aptidão. Se você já for bom de imaginação, tente o próximo exercício: ele é fácil. Se não for bom imaginando coisas, tente o exercício, da mesma forma: não será difícil e irá aprender.

> **Exercício de Imaginação de Resultados**
>
> **Imagine-se realizando alguma meta, desejo ou fantasia. Imagine algo que seja real para você: uma viagem de férias especial, uma nova casa, um emprego, promoção, casa, carro, microondas, ou a mudança para uma nova cidade, estado ou país, emagrecer cinco quilos, parar de fumar, etc. Se você não puder imaginar nenhuma meta especial, imagine-se passando uma semana no Havaí: imagine todos os detalhes de todos os dias, o que você fará, com quem, o tempo, seus sentimentos, outras pessoas, roupas, aptidões usadas, pensamentos, medos, alegrias, frustrações, sucessos, fracassos etc.**
>
> **Ao imaginar isto como você se sentiu, atingindo a meta?**
> **A emoção foi a esperada? Foi diferente? Você pode imaginá-la sendo diferente?**
> **Aquilo que você se tornou foi aquilo que queria se tornar?**

Parece que a mente não percebe a diferença entre aquilo que experimenta e aquilo que imagina experimentar. Portanto, se você tiver uma boa imaginação, poderá aprender muito através da experiência imaginada. Experimentar resultados imaginários de decisões propostas é uma forma mais ou menos segura de evitar que você realize o que deseja e descubra que não era exatamente isso que você queria. Isto significa não ter muita certeza sobre suas metas.

Tratar metas como hipóteses não significa deixar de se direcionar, e sim ser equilibrado. É como ter uma lente zoom e outra grande angular. Você precisa de um alvo, e então precisa de uma zoom sobre ele. Contudo, se você não usar também a sua grande angular, não verá o quadro geral, nem perceberá o que mais está acontecendo. Se você só usar uma das lentes, só enxergará as árvores ou a floresta. Um tomador de decisões prudente, criativo e bem-sucedido terá que enxergar tanto a floresta quanto as árvores.

O Caso de Juanita

Lembre-se da Juanita, aquela que queria ser Diretora-Presidente.
Ela era governada pela meta, não orientada pela meta. Não tratava seu desejo de ser Diretora-Presidente como uma hipótese. Ela era direcionada, mas não flexível. Para Juanita, todas as suas decisões relativas à carreira eram um meio de atingir sua meta. Ela não as via como meios possíveis para descobrir novos objetivos.

Enquanto Juanita estava galgando a escada do sucesso na carreira, muitas mudanças estavam ocorrendo. O movimento de liberação feminista, o movimento de empreendimento interno e a explosão tecnológica estavam provocando mudanças de paradigma nos valores da sociedade e na maneira de Juanita ver as coisas. Ela se apaixonou, teve filhos, desenvolveu uma extensão familiar, e mudou-se para outro local do país.

Durante todas estas mudanças, Juanita estava tendo sucesso em seus planos de carreira, e ela permaneceu centrada em seu alvo. Sua meta clara e objetivos precisos programaram sua mente de forma tão estrita que ela teve muita dificuldade para mudar, apesar de ela estar mudando. Juanita tornou-se alguém que sabia o que queria, mas descobriu que não era isso que queria.

De que maneira você se parece com Juanita? Quais são suas atitudes e aptidões no fator aquilo que você quer da tomada de decisão? Assinale com um X as respostas a seguir que se aplicam ao seu caso.

Avaliação Pessoal

1. Você acha que é possível ser direcionado e flexível?
   - ☐ sim
   - ☐ não
   - ☐ talvez

2. Você acha isso desejável?
   - ☐ sim
   - ☐ não
   - ☐ talvez

3. Você é melhor em:
   - ☐ saber o que quer
   - ☐ não ter certeza
   - ☐ ser equilibrado

4. Você se julga melhor em
   - ☐ tratar metas como imutáveis
   - ☐ tratar metas como hipóteses
   - ☐ ser equilibrado

5. Você se julga melhor em
   - ☐ atingir metas
   - ☐ descobrir metas
   - ☐ ser equilibrado

6. Como você avalia suas aptidões de avaliação de suas metas experimentando resultados imaginários?
   - ☐ excepcionais
   - ☐ adequadas
   - ☐ necessitando de aperfeiçoamento

Resumo

A tomada de decisão de forma criativa usando a Incerteza Positiva recomenda:

- Direcionar-se e ser flexível acerca do que você quer.
- Saber o que você quer, mas não ter certeza.
- Tratar as metas como hipóteses.
- Equilibrar a realização de objetivos com a descoberta deles.

O princípio o que você quer da Incerteza Positiva é paradoxal e ambidestro. Ainda é recomendável, até mesmo útil, saber o que você quer quando procura um emprego, compra uma geladeira, ou decide o que deseja ser quando crescer. Estabelecer metas e objetivos é correto. Propósito antes da ação, olhar bem, antes de saltar ainda é um comportamento inteligente e até mesmo lógico.

Mas, numa sociedade mais turbulenta, esta prática direcionada e razoável precisa ser suplementada com um comportamento flexível e até mesmo meio tolo, para que os indivíduos e as organizações possam agir na ausência de uma meta clara, ou mudar sua meta no meio do percurso. Nem sempre. Nem mesmo geralmente. Mas às vezes. Às vezes você precisa ser capaz de fazer coisas para as quais não dispõe de um bom motivo. Ou com a finalidade de descobrir um bom motivo.

E algumas vezes você precisará ser capaz de mudar suas razões, mudar o foco. A melhor maneira de se preparar para a mudança é ser flexível. Parece paradoxal ser ao mesmo tempo direcionada e flexível? Sim, e é isso que é preciso.

> *"Não é nas suas metas, mas em suas transições, que o homem mostra sua grandeza."*
>
> R. W. Emerson

PARTE II – PRINCÍPIO PARADOXAL Nº 2:
ESTEJA BEM INFORMADO E SEJA PRUDENTE
Quanto Àquilo Que Você Sabe

> *Um homem com um relógio sabe que horas são. Um homem com dois relógios nunca tem certeza.*
>
> Das Leis de Murphy

"Esteja bem informado e seja prudente" é um conselho tanto para aquilo que você sabe quanto para aquilo que não sabe. Mark Twain poderia estar falando a respeito da Incerteza Positiva quando disse: "Não é aquilo que você não sabe que o coloca em enrascadas. É aquilo que você tem certeza absoluta, e que não é bem assim."

Numa sociedade rica em informações, o que você sabe com certeza hoje pode não ser verdadeiro amanhã. É importante estar ciente daquilo que você sabe e do que não sabe. A informação sustenta nossas vidas e nosso trabalho. A sensação é que é impossível ser rico demais ou bem informado demais. Contudo, ser bem informado pode não ser tudo que é necessário.

Assinale com X as afirmativas a seguir que você acredita serem verdadeiras.

☐ **1.** Coletar todas as informações pode paralizá-lo.

☐ **2.** A informação pode tanto obscurecer o significado quanto pode esclarecê-lo.

☐ **3.** A informação está nos olhos de quem a observa.

☐ **4.** A informação torna-se rapidamente obsoleta.

☐ **5.** A informação nem sempre é informativa.

☐ **6.** Não existe uma coisa chamada "informação inocente".

☐ **7.** Existe mais informação disponível do que é possível uma pessoa processar.

☐ **8.** Pouca informação é uma coisa perigosa.

☐ **9.** Muita informação pode ser uma desvantagem.

☐ **10.** Freqüentemente se recebem informações tendenciosas de fontes confiáveis.

ESTEJA BEM INFORMADO E SEJA PRUDENTE
(Continuação)

A informação pode ser o sustento de nossas vidas, mas as 10 afirmativas na página 25 sugerem que o que você sabe ou precisa saber exige mais do que simplesmente ter informação. Isto ocorre, porque a informação, hoje em dia, nem sempre é "amigável."[6] Freqüentemente ela é uma desinformação: incompleta, tendenciosa, inconfiável, irrelevante, subjetiva, e nunca independente de valores, sejam eles seus ou de outra pessoa qualquer. Todos os dias você recebe informações que não solicitou, não queria, não é do seu interesse, e está apresentada de uma maneira tão persuasiva, do ponto de vista psicológico, que ela freqüentemente é usada em suas decisões sem você nem perceber.

Como você processa toda esta informação para tomar uma decisão? A Incerteza Positiva define que a tomada de decisão deve focar o processamento da informação: *A tomada de decisão consiste no processo de organizar e reorganizar a informação numa escolha de ação.*

Esta nova definição tem três partes: informação, organização e reorganização e escolha. O que você faz para fazer a escolha é organizar e reorganizar a informação que obtém com outras informações de que já dispõe e com aquilo que você quer e acredita. Lembre-se de que a informação muda a mente e vice-versa. Na sua mente você seleciona, nega, filtra, distorce, exagera, projeta, racionaliza e reprime a informação. Sua mente examina, filtra e seleciona. Ela censura informação das suas percepções do momento e de memórias distantes. Desta maneira você "usa" a informação para obter o que deseja.

Considere a informação e sua decisão sobre o colesterol. Marque no espaço Verdadeiro (V), Falso (F) e Não Sei (NS).

___ **1.** É prudente controlar minha taxa de colesterol.

___ **2.** Café sem cafeína aumenta o colesterol.

___ **3.** Farelo de aveia bran reduz o colesterol.

De que outras informações você dispõe sobre o colesterol? Escreva algumas:

_____
_____
_____

Agora tente se lembrar de alguma coisa que você não sabe sobre colesterol.

1. _____
2. _____
3. _____

---

6 N. do T.: "user friendly", no original.

É muito difícil ter consciência daquilo que desconhecemos, se não for impossível. Mas você pode ser precavido. Todos os seus desejos, valores e crenças sobre peso, dietas, saúde, dados científicos e colesterol entram no processo de organização e reorganização em sua mente. Às vezes este processo é comparado com a maneira como funciona um computador, mas esta é uma analogia falsa.

A mente não é linear. Ela não é "lixo para dentro, lixo para fora." Às vezes a mente muda a informação. A mente pode tratar os fatos com imaginação, mas o computador não. A mente não-linear é um instrumento admirável para processamento. E provavelmente ela não será substituída por computadores robôs porque, como a NASA destaca, "os humanos são o sistema de computação não-linear, para uso geral, mais barato e mais leve, que pode ser produzido em massa por mão-de-obra não-especializada". Contudo, os humanos precisam estar cientes de como suas mentes funcionam e precavidos sobre como a informação é armazenada.

Tudo ocorre logo atrás dos olhos. Você não verá, a menos que diga a si mesmo para olhar. Pense sobre como pode tomar suas decisões no que tange ao colesterol.

Escreva nos espaços Sim, Não ou Não Sei (NS)

___ Você dispõe de todos os fatos?

___ Você tem um objetivo claro?

___ Você tem alguma desinformação?

___ Você sabe o que você não sabe?

___ Você decide de forma racional?

Estas perguntas podem fazer com que você pondere sobre como sua mente usa a informação, e não molesta você quanto às suas decisões sobre o colesterol. Contudo, pelo fato de o nosso mundo ser inundado com informações e porque pensamos que deveríamos ser capazes de decidir de forma racional, freqüentemente ficamos ansiosos para coletar informação e usá-la. Mas coletar a informação e usá-la são duas coisas diferentes. No livro *Information Anxiety*, Richard Wurman nos diz que uma edição de um dia útil do *New York Times* contém mais informação do que uma pessoa média poderia encontrar em toda a sua vida, na Inglaterra do século XVII. Este excesso de informação cria uma lacuna sempre crescente entre o que entendemos e aquilo que pensamos que deveríamos entender. Produz aquilo que Wurman chama de ansiedade de informação. A ansiedade de informação pode ser o resultado tanto de excesso quanto de falta de informação.

A ignorância é o melhor antídoto para esta ansiedade, diz Wurman. Ser capaz de admitir que você não sabe é uma liberação. Isto leva ao conselho ambíguo da incerteza positiva.

ESTEJA BEM INFORMADO E SEJA PRUDENTE
(Continuação)

> *Conselho Ambíguo:* **Conhecimento é poder e ignorância é uma bênção.**

Ter uma mente cheia de conhecimento é obviamente uma vantagem poderosa. Mas quando o conhecimento duplica constantemente e se torna rapidamente obsoleto, manter uma mente aberta também é, obviamente, uma vantagem. Uma mente aberta é receptiva. Uma mente não-receptiva, mesmo que esteja cheia, está fechada. Esta é a chave para a incerteza positiva. A ignorância é uma bênção porque é o estado ideal para aprender. Se você for capaz de admitir que não sabe, é mais provável que faça as perguntas que o farão aprender.

A tomada de decisão pode ser dividida em três partes:

1. As *ações* que você pode realizar: alternativas, opções, escolhas.

2. Os *resultados* das ações que você realiza: resultados, conseqüências, grau de desejo.

3. A *incerteza* entre as ações e os resultados.

Isto é o que você quer saber antes de decidir. Isto é o que você não sabe.

As Perguntas "E O Que Mais"

Quem toma decisões tem algumas informações sobre opções, conseqüências e probabilidades. Contudo, se quem toma a decisão ignorasse estes três componentes, poderia fazer algumas perguntas úteis. Uma mente aberta (persuasível) induz perguntas abertas (sugestivas): "Que mais posso fazer?" (Que outras ações posso considerar?) "O que mais poderia acontecer?" (Que outros resultados poderiam ocorrer?) Pense nisso como um *brainstorming* pessoal, em que você deixa de lado os julgamentos e a realidade. Esqueça seus conhecimentos anteriores; aja de forma ignorante. Tente esta série de exercícios práticos sobre ações, opções e alternativas apresentados nas páginas seguintes.

Pondere o Seu Exercício de Pedido de Demissão

Imagine que você não gosta do seu emprego, e está decidindo se deve ou não cair fora. Pedir demissão, naturalmente, é uma das ações que pode tomar. Você conhece todas as demais ações possíveis? Suponha que você seja seu próprio consultor para tomada de decisão. Faça primeiro a pergunta "e o que mais?".

O que mais eu poderia fazer? Pense em todas as demais alternativas: racionais, irracionais, intuitivas, místicas, morais, imorais, conservadoras, arriscadas, práticas, tolas etc.

_____   _____

_____   _____

Uma das armadilhas mais comuns na boa tomada de decisão é não conseguir considerar alternativas possíveis. Algumas vezes isso ocorre porque você não sabe que elas existem, outras, porque você sabe, mas "esquece". Às vezes é porque elas precisam ser criadas. Às vezes, não conhecer outras opções é bom; outras vezes pode ser desastroso. Como seu consultor, pergunte-se: "fico imaginando o que mais eu poderia fazer?" Seja criativo. Você está procurando novos territórios; você quer aumentar sua liberdade de escolha.

Muitas técnicas ajudam a criatividade. Uma delas são os seis chapéus de Edward de Bono, em que cada cor representa uma maneira diferente de pensar. Tente fazer o exercício a seguir seis vezes, usando cada vez um chapéu imaginário de cor diferente.

Branco — Objetivo	Amarelo — Positivo
Vermelho — Emocional	Verde — Criativo
Preto — Negativo	Azul — Controlado

Talvez você tenha percebido que aquilo que sabe geralmente é menos do que não sabe. Estar bem informado e ser desconfiado fazem com que você se mantenha positivo e incerto. Isto o ajuda a ficar alerta para outras ações que você poderia realizar antes de decidir que ações tomar.

Exercício de Apresentação de sua Demissão

Imagine agora que você fez sua escolha, largar seu emprego.
O que poderia acontecer? Imagine efeitos possíveis e escreva-os a seguir.

_____   _____

_____   _____

ESTEJA BEM INFORMADO E SEJA PRUDENTE
(Continuação)

A Grade de Resultados

O que Mais Pode Acontecer?

A técnica seguinte, a Grade de Resultados, ajuda aquele que toma decisões a perguntar o que mais poderia acontecer e evitar um erro comum de decisão, de deixar de lado outros resultados possíveis. É uma maneira de o hemisfério direito do cérebro perguntar "O que mais poderia acontecer?". É uma maneira de evitar surpresas depois de selecionar uma linha de ação.

Toda decisão tem quatro tipos de resultados:

1. Conseqüências positivas (ganhos) para você ("Conseguir um emprego melhor")

2. Conseqüências negativas (perdas) para você ("Me sentir um fracassado")

3. Conseqüências positivas (ganhos) para outros ("Minha mulher vai me ver mais")

4. Conseqüências negativas (perdas) para outros ("Menos dinheiro para as crianças")

Lembre-se de que os resultados incluem tanto eventos (conseguir um emprego melhor) quanto emoções (alegria, tristeza, culpa). O método da grade assegura que você pense nos quatro tipos de resultados. Preencha todos os quatro quadrantes para os possíveis resultados de largar o emprego.

A GRADE DE RESULTADOS*

	POSITIVOS	NEGATIVOS
P/ SI		
P/ OUTROS		

Examine novamente sua grade preenchida. Lembre-se de que você está buscando *insight*.

1. Verifique se algum dos quadrantes da grade de resultados está menos preenchido do que outros. Se este for o caso, por quê? Eles poderiam estar todos preenchidos se você trabalhasse mais neles.

2. Foi mais fácil pensar nos resultados positivos ou nos negativos? Por quê?

3. Quem são as pessoas consideradas "outros".

4. Quais são os resultados mais importantes, os resultados para si ou para outros?

5. Tente dar uma nota para os positivos e negativos em termos de grau de desejo.

6. Tente dar uma nota para os positivos e negativos em termos de probabilidade.

7. Você pode alterar a grade, pedindo a opinião de outras pessoas sobre o que você registrou, o que deixou de registrar etc.

---

* Adaptado da "Folha de Equilíbrio", do livro *Decision Making*, de Irving Janis e Leon Mann; Free Press (1977).

ESTEJA BEM INFORMADO E SEJA PRUDENTE
(Continuação)

> *Fórmula Insensata:* **Trate a memória como uma inimiga.**

Até mesmo uma boa memória pode ser um obstáculo. Comece uma série de exercícios de memória fazendo a listagem a seguir.

Os Eventos mais Importantes da Vida: Escreva abaixo os cinco eventos mais importantes da sua vida.

1. _____
2. _____
3. _____
4. _____
5. _____

Um dos problemas de escrever sua própria biografia é que sua mente tem uma lembrança seletiva. Um outro problema é que a maioria das memórias só funciona para trás. Por exemplo, na listagem anterior, quantos eventos importantes você listou e que ainda não aconteceram? A maioria das pessoas tem muita dificuldade de pensar para a frente. Talvez você tenha listado alguns eventos futuros. A próxima atividade proporciona uma prática para pensar no futuro.

Liste agora os cinco eventos mais importantes de sua vida, no futuro.

1. _____
2. _____
3. _____
4. _____
5. _____

O que foi mais fácil para você, se lembrar do passado ou imaginar o futuro?

☐ Passado ☐ Futuro

Qual dos dois você acha que conhece melhor?

☐ Passado ☐ Futuro

A maioria de nós não tem muita prática imaginando o futuro. Mas se queremos desenvolver uma memória ambidestra, precisamos trabalhar com nossas mentes nas duas direções. O futuro não existe; ele tem que ser inventado. Ele será inventado por alguém. Você tem duas opções: inventá-lo ou deixar que alguém o invente. A melhor maneira de inventar um futuro que você deseja é praticar a imaginação dele.

Uma Memória Ambidestra

Sua memória talvez precise de prática para trabalhar para trás, revisando seu passado. Este pode estar desatualizado; pode precisar de uma revisão. Examine novamente sua lista de eventos importantes e revise os eventos passados. Selecione um evento passado significativo para o seu presente. Tente analisar sua visão dele. Examine-o de ângulos diferentes, com novas lentes, com retrovisão. Tente reinventar seu passado.

Evento:_____

Escreva vários enfoques novos sobre este evento: positivo/negativo, importante/não importante, como uma outra pessoa o interpretaria/como você poderia interpretá-lo mal. Use o pensamento com seis chapéus (objetivo, emocional etc.).

Novos Enfoques: _____

_____

Sua memória é uma inimiga de várias formas:

- Ela se lembra de forma seletiva.

- Ela geralmente só funciona para trás.

- Seu conhecimento antigo torna-se obsoleto.

- Seu conhecimento antigo bloqueia novos conhecimentos.

Você precisa não só de uma mente aberta (bem informada e prudente) mas também de uma memória bidirecional (para trás e para frente). Fique alerta para os *insights*, esqueça suas recordações, revise suas lembranças e projete o que irá acontecer.

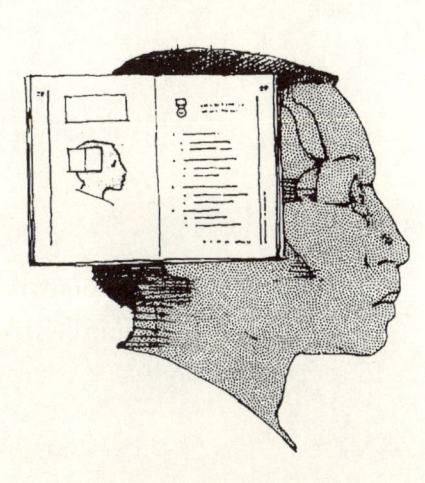

O Caso de Susan

Lembre-se de Susan, aquela que era boa em coletar os fatos. Ela era boa em estar bem informada; ela não era boa em ser prudente. Para Susan, fazer suas escolhas de faculdade era uma simples questão de coletar todas as informações relevantes.

Susan negligenciou ser prudente sobre possíveis desinformações e daquilo que ela não sabia antes de tomar sua decisão. Depois de se inscrever na faculdade escolhida, ela descobriu que o catálogo da faculdade fornecia algumas informações confiáveis, mas não fornecia todo o conhecimento relevante. Fatos que ela havia coletado já não eram verdadeiros, ou tão importantes como pensava. As informações de alunos e ex-alunos nem sempre eram "inocentes".

Susan descobriu que quanto mais ela sabia sobre a escolha de uma faculdade, aprendendo com a experiência de escolher uma, mais ela não sabia. Havia muito mais incertezas do que ela percebeu. Susan se tornou alguém que não tinha mais certeza se estar a par dos fatos sempre significa ter o conhecimento.

De que maneira você se parece com Susan? Quais são suas atitudes e aptidões no fator aquilo que você sabe da tomada de decisão? Assinale com um X as respostas a seguir que se aplicam ao seu caso.

Avaliação Pessoal

1. Você acha que é possível ser tanto bem informado quanto prudente?

☐ sim
☐ não
☐ talvez

2. Você acha isso desejável?

☐ sim
☐ não
☐ talvez

3. Você é melhor em:

☐ ver o conhecimento como poder
☐ ver a ignorância como bênção
☐ ser equilibrado

4. Você se julga melhor em:

☐ tratar a memória como aliada
☐ tratar a memória como inimiga
☐ ser equilibrado

5. Você se julga melhor em:

☐ usar a informação
☐ usar a imaginação
☐ ser equilibrado

6. Como você avalia suas aptidões de elaboração de respostas criativas para perguntas "o que mais?".

☐ excepcionais
☐ adequadas
☐ necessitando de aperfeiçoamento

Resumo

A tomada de decisão de forma criativa usando a Incerteza Positiva recomenda:

- Estar bem informado e ser prudente acerca daquilo que você sabe.

- Reconhecer que conhecimento é poder e que ignorância é uma bênção.

- Tratar a memória como uma inimiga.

- Obter o equilíbrio usando a informação e a imaginação.

A Incerteza Positiva requer um equilíbrio paradoxal. Quanto mais você sabe, mais percebe que não sabe. A chave é aceitar esta incerteza mas não se deixar paralisar por ela. Não saber com absoluta certeza abre a oportunidade para adquirir novos conhecimentos.

Ao tomar decisões, você precisa estar atento para algumas coisas:
o que você poderia fazer, o que poderia acontecer, e a probabilidade e importância do que poderia acontecer. Mas quando o conhecimento está em constante mudança, você também tem que ser prudente em relação àquilo que sabe.
O mesmo vale para aquilo que não sabe.

A informação nem sempre é informativa. A aptidão de ser prudente o ajuda a lidar com o fato de que não existe uma coisa chamada "informação inocente".
A primeira lei sobre especialistas, de Daniel Goldbert, afirma "nunca pergunte a um barbeiro se você precisa de um corte de cabelo". E também é verdadeiro que a sua própria opinião é "contaminada".

O equilíbrio entre estar bem informado e ser prudente requer a habilidade de aprender e desaprender. Este princípio paradoxal não é novo, mas agora é necessário.

> *Para obter conhecimento, adicione coisas todos os dias.*
> *Para obter sabedoria, retire coisas todos os dias.*
> **Lao-tse, no livro Tao Te Ching**

Parte III – PRINCÍPIO PARADOXAL Nº 3:
SEJA OBJETIVO E OTIMISTA
Quanto Àquilo em que Você Acredita

> *A realidade é a principal causa de "stress" entre aqueles que estão em contato com ela.*
> **Jane Wagner**

Crer é ver. A física quântica nos ensina que nossas crenças são nossos "espetáculos". Elas fazem com que vejamos as coisas de uma certa maneira; elas nos mostram nossa realidade. A realidade é aquilo que acreditamos ser verdadeiro. Aquilo que acreditamos ser verdadeiro é aquilo em que acreditamos.

Este fenômeno tem implicações significativas para o seu futuro e na forma como você toma suas decisões. Suas decisões determinam, em parte, o seu futuro, mas também refletem parcialmente aquilo que você acredita que será. Sua visão do futuro pode ser o fator mais importante de sua determinação. A vida pode ser realmente uma profecia auto-realizável. Se acha que pode, você pode; se você acha que não pode, está certo. Tudo começa com uma convicção.

Sempre soubemos do poder de nossas crenças, mas a era moderna introduziu credibilidade científica neste conhecimento. Métodos científicos tentam eliminar a influência de nossas crenças a partir de nossas observações. A objetividade racional, a essência da ciência linear e da teoria clássica de tomada de decisão, estabelece que devemos buscar uma visão da realidade que seja "não-distorcida". Contudo, a física quântica mostra que nossas convicções são não apenas impossíveis de serem eliminadas, mas desejáveis de serem cultivadas. É necessário um equilíbrio entre o fato e a fantasia. Ser objetivo não ficou obsoleto, mas não é mais suficiente.

A subjetividade irracional pode ser uma vantagem: ela pode deixá-lo perdido ou induzir um otimismo irrealista sobre o futuro. Um otimismo irrealista faz parte de uma mente sadia, que às vezes precisa distorcer a realidade para poder se ajustar a ela com sucesso. Se não se pode nem se deve ser sempre racionalmente objetivo, é bom aprender a ser, às vezes, otimista de forma irrealista.

SEJA OBJETIVO E OTIMISTA (Continuação)

> *Conselho Ambíguo:* **A realidade está nos olhos e no Eu daquele que a vê.**

A realidade é, parcialmente, aquilo que você vê como sendo (os olhos de quem a vê) e parcialmente aquilo que você faz ela ser (o Eu daquele que a vê). Assim sendo, ela exige tanto sonho quanto realização. Isto nos leva ao maior paradoxo, o de que acreditar e ver é fazer. O moto da Escola de Polícia Científica de Paris é: "Os olhos vêem aquilo que procuram, e eles procuram aquilo que já está na mente." Mas a Incerteza Positiva afirma: "O Eu faz as coisas que ele acredita que ele pode fazer, e aquilo que acredita que pode fazer é aquilo que ele opta por acreditar." O que você opta por acreditar é assunto seu. É realmente uma opção muito poderosa. Você sabe em que acredita?

A Metáfora como Método

Se a sua visão e imagem do futuro são tão importantes, você deve saber quais são elas. Conhecer suas crenças será uma poderosa ferramenta para planejar e criar seu futuro. Conhecer, contudo, envolve duas partes de sua mente: consciente e inconsciente, racional e intuitiva, cognitiva e imaginativa. A maioria das pessoas usa mais o lado direito ou o esquerdo do cérebro. Uma maneira para interligar as duas metades, para descobrir a sua visão futura ou desenvolvê-la, é a metáfora.

Uma metáfora atribui a uma coisa aquilo que ela não é: "A vida é uma tigela de cerejas." Metáforas não são lógicas, mas criam uma imagem que pode desafiar aquilo que é cegamente aceito, possibilita o desenvolvimento de novas interligações e gera novas maneiras de pensar. As metáforas são uma maneira de entender uma situação da qual você faz parte e que ajudou a criar. Elas lhe fornecem uma nova linguagem, mais poética e menos científica, para a discussão da vida.

A sua vida é como uma metáfora. Às vezes você consegue entendê-la, outras vezes não. Às vezes ela é triste, outras engraçada. Às vezes não parece completa, mas em outras ocasiões parece perfeita. Em muitos casos parece que é necessário aprender mais a respeito dela; e quanto mais pensa a respeito, mais você a entende.

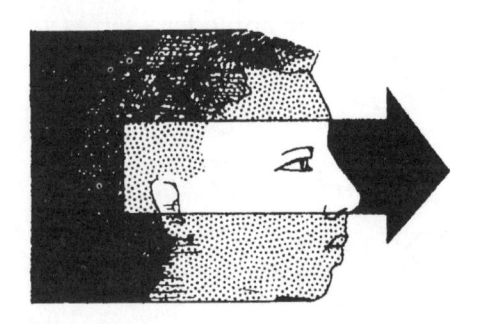

Metáforas sobre o Futuro

A atividade com metáforas, dividida em duas partes e apresentada a seguir, adaptada do livro *Teaching the Future*, de Draper Kaufmann, irá ajudá-lo a se familiarizar com sua visão de futuro. Leia as quatro metáforas e escolha a que mais se ajuste à sua visão do futuro. Parta do princípio de que este é um questionário de múltipla escolha, com decisão forçada; você precisa escolher uma das opções. Ela pode não ser exatamente certa, mas é melhor do que as outras.

Quatro Metáforas

1. *Montanha Russa*
   O futuro é uma enorme montanha russa. Ele se contorce à nossa frente, no escuro, embora só possamos ver cada parte à medida que chegamos nela. Às vezes podemos ver um pouco à frente de uma curva, mas o futuro é fixo e determinado. Estamos presos em nossos assentos e nada do que possamos saber ou fazer mudará o curso que está estabelecido para nós.

2. *Enorme Rio*
   O futuro é um enorme rio. A grande força da história flui, carregando-nos com ela. Seu curso pode ser alterado, mas apenas por desastres naturais, tais como terremotos e avalanches, ou por enormes esforços humanos concentrados e coordenados de forma similar. Contudo, somos livres, como indivíduos, para nos adaptar, bem ou mal, ao curso da história. Olhando à frente, podemos evitar bancos de areia e redemoinhos, e escolher os melhores trajetos por entre as corredeiras.

3. *Grande Oceano*
   O futuro é um grande oceano. Existem muitos destinos possíveis, e muitos trajetos diferentes para cada destino. Tirando proveito das principais correntes de mudanças, mantendo um vigia atento na proa, e se movimentando com cuidado em águas não mapeadas, um bom navegador pode chegar com segurança ao destino estabelecido, a menos que enfrente um tufão, ou outro desastre qualquer que não possa ser previsto ou evitado.

4. *Imenso Jogo de Dados*
   O futuro é inteiramente aleatório, um jogo de dados colossal. A cada segundo acontecem coisas que poderiam ter acontecido de outra maneira, para produzir um outro futuro. Como tudo é uma questão de sorte, o que podemos fazer é jogar o jogo, rezar aos deuses da fortuna e desfrutar de qualquer boa sorte que cruze nosso caminho.

SEJA OBJETIVO E OTIMISTA (Continuação)

Metáforas Sobre o Futuro (Continuação)

Qual das quatro metáforas descritas na página 39 reflete melhor sua visão do futuro? Assinale uma com X.

_____ **1.** Montanha Russa   _____ **3.** Grande Oceano

_____ **2.** Rio Enorme   _____ **4.** Imenso Jogo de Dados

Por quê? _____
_____
_____
_____

Do que você não gosta nas demais opções? _____
_____
_____

Você acha que pode controlar o seu futuro? Quanto você acha que pode afetar eventos futuros? _____
_____
_____

Talvez suas respostas ainda não estejam muito desenvolvidas porque você ainda não pensou muito a respeito. Mas sua resposta é muito importante para a sua tomada de decisão e freqüentemente determina o que fazer. Continue trabalhando na sua resposta; as metáforas podem ser úteis.

Sua Metáfora Pessoal

Agora crie sua própria metáfora do futuro, ou da vida, se preferir. O que descreve melhor a sua visão? Tente usar algo que lhe seja familiar: um *hobby*, uma coisa favorita, atividade, ou animal – qualquer coisa. Não se preocupe se for extravagante ou poético.

Para mim, o futuro é _____
_____
_____
_____

Mantenha essa metáfora e trabalhe com ela, modifique-a, ou crie outra. Veja se ela não pode gerar alguns *insights* na sua visão de futuro, ou ajudá-lo a ampliar ou mudar sua visão.

Teste de Visão

Uma boa visão é importante para um bom futuro. Visão significa o ato ou o poder de ver, ou o ato ou o poder de criar uma imagem. De certa forma, as duas definições são iguais, porque agora sabemos que acreditar é ver. Algumas pessoas precisam aprimorar sua habilidade de visualizar (o ato ou poder de criar uma imagem). Outras precisam aperfeiçoar sua habilidade de revisar suas visões ("mudar os óculos").

Sua visão (sistema de crenças), tal como seu corpo, seu automóvel ou suas finanças, deve passar por um *check-up* e um plano de manutenção periódicos. A visão nos olhos da mente deve estar sempre em boas condições de funcionamento. A Incerteza Positiva sugere que façamos testes periódicos desta visão. Quais são as condições dos olhos de sua mente?

Como Você Vê? **Uma Escala para Auto-Avaliação**

Faça um *check-up* na sua visão. Como você se avalia?

1. Você tem uma boa imaginação? Como você sonha e fantasia?

   Sofrível 1 ——— 2 ——— 3 ——— 4 ——— 5 **Excelente**

2. Você tem uma boa memória? Você olha para o passado?

   Sofrível 1 ——— 2 ——— 3 ——— 4 ——— 5 **Excelente**

3. Quão desenvolvida é a sua "visão futura?"

   Sofrível 1 ——— 2 ——— 3 ——— 4 ——— 5 **Excelente**

4. Você tem praticado a visualização de vários futuros?

   Sofrível 1 ——— 2 ——— 3 ——— 4 ——— 5 **Excelente**

5. Você tem praticado a mudança da sua visão, usando "óculos" diferentes?

   Sofrível 1 ——— 2 ——— 3 ——— 4 ——— 5 **Excelente**

Seja qual for a classificação de sua visão, é sempre desejável praticar e é sempre possível melhorá-la. Tente a Atividade de Teste de Visão, apresentada a seguir.

SEJA OBJETIVO E OTIMISTA (Continuação)

Escrevendo o Cenário Futuro

Imagine o futuro daqui a um ano. Imagine o que você estará fazendo, onde, com quem, como, por que etc. Para cada um dos três cenários, experimente como ele é, veja como você se sente, age, do que gosta e não gosta. Feche seus olhos e imagine que você está realmente lá, daqui a um ano, fazendo o que está imaginando.

1. O futuro provável: aquele que você prevê que acontecerá.

2. O melhor futuro: o mais desejável que você consegue imaginar.

3. O pior futuro: o mais indesejável que você consegue imaginar.

Agora examine as suas três visões. O futuro provável foi fácil de imaginar? Você pode ver os detalhes com clareza ou eles estavam meio desfocados? Como você se sentiu enquanto o experimentava? Como caracterizaria as suas expectativas: conservadoras, excitantes, "nas nuvens" etc. O que você imaginou era objetivo? Explique. Você não pode se tornar um especialista visualizando qualquer distância sem "lentes corretoras" e exercícios práticos.

A melhor visão do futuro foi fácil ou difícil? Ela era realmente o melhor que poderia imaginar, ou o melhor que poderia esperar? Como você se sentiu enquanto a experimentava? A sua melhor visão foi distorcida por otimismo ou pessimismo? Por probabilidades improváveis, em sua mente? Você pode aprender, praticando, a imaginar mais futuros desejáveis.

Você teve uma visão clara do pior futuro? Foi mais fácil ou mais difícil que o melhor futuro? O seu melhor futuro ou o seu pior futuro estavam mais próximos do seu provável futuro? Você pode alterar qualquer um dos três cenários através de ensaios repetidos. O futuro não existe, exceto em sua mente. Você é capaz de mudar o futuro bem atrás de seus olhos.

Fórmula Insensata: **Trate as Crenças como Profecias.**

> *"A função definitiva da profecia não é dizer o futuro, mas criá-lo."*
> W. W. Wagar

Nosso sistema de crenças não é apenas um estado mental. É uma realidade fisiológica. Suas crenças positivas ou negativas podem realmente aumentar ou reduzir suas células imunes, dilatar ou contrair seus vasos capilares, ou aumentar ou reduzir seu batimento cardíaco. Isto já foi provado por pesquisas sobre o efeito placebo e outros fenômenos científicos, demostrando assim como as crenças se tornam biologia.

As pesquisas de Shelly Taylor em *Positive Illusions* mostram que três falsos conceitos adaptivos podem ser ilusões positivas que criam profecias auto-realizáveis. Parece que as pessoas são mentalmente saudáveis em função de certas ilusões positivas sobre elas mesmas e seu meio ambiente. Estas ilusões positivas permitem que a pessoa faça algo ou administre o *feedback* negativo. Os três conceitos adaptivos falsos são:

- Otimismo irrealista sobre o futuro.

- Percepções exageradas sobre o controle pessoal.

- Visão irrealisticamente positiva da própria pessoa.

As descobertas de Taylor contrariam a visão de muitos psicólogos e profissionais de aconselhamento, de que um critério primário da saúde mental é uma percepção precisa de si mesmo, da realidade presente e do futuro provável. Mas este critério está mudando claramente. Também é reconhecido um outro paradoxo: as ilusões podem ser um sinal de patologia, ou elas podem dar sentido à vida. O que agora precisamos aceitar é que a negação (recusa de encarar os fatos) e a ilusão (crenças falsas sobre a realidade) têm sua utilidade para lidar com, e às vezes constituem as melhores estratégias em, certas situações.

Provavelmente não há nada mais poderoso e que proporcione mais poder do que aquilo que você acredita sobre si mesmo e seu futuro. O otimismo é uma crença e pode ser aprendido. Agora existem evidências científicas de que o otimismo tem uma importância vital na melhoria da saúde física e mental, superando a derrota e promovendo realizações.

SEJA OBJETIVO E OTIMISTA (Continuação)

Torne-se um Bom Sonhador

A criação do seu futuro exige que você o sonhe e o faça. Se puder aperfeiçoar sua capacidade de sonhar, você poderá melhorar sua realização. A atividade de sonhar não é realizada no cérebro esquerdo; assim sendo, ela é negligenciada. Contudo, existem realmente alguns bons motivos para aprender a ser um bom sonhador.

Sonhos se tornam realidade, até mesmo os impossíveis. Talvez, se sonhássemos mais sonhos impossíveis, teríamos mais deles se tornando realidade. Talvez se praticássemos sonhar mais, teríamos mais sonhos impossíveis.

Responda as seguintes perguntas com Sim, Não ou Talvez

____ **1.** É imprudente acreditar em coisas impossíveis?

____ **2.** É tolice praticar isso?

____ **3.** É possível saber quais coisas são impossíveis?

É possível correr uma milha em menos de quatro minutos? Isso já foi impossível? É possível andar na lua? Isto já foi impossível? "Qualquer coisa que um homem seja capaz de imaginar outros homens podem tornar realidade" (Júlio Verne). Como sabemos quais coisas são impossíveis? Não sabemos, como estabelece uma das leis de Murphy: "Algumas coisas são impossíveis de saber, mas é impossível conhecer essas coisas."

Tal como o problema com nossa memória de mão única, que funciona melhor para trás, nossas crenças de mão única geralmente funcionam melhor visualizando medo em vez de fantasia. A maioria das pessoas tem horrores precisos, mas sonha de forma vaga. Usando o exercício de sonho impossível da próxima página, pratique sonhar, com precisão, sobre futuros "impossíveis", incluindo todos os detalhes maravilhosos.

Exercício de Sonho Impossível

Pratique acreditando em coisas impossíveis, visualizando um sonho fantasioso se tornando realidade. Imagine-se vivendo o "melhor cenário futuro" do último exercício (página 42). Use todos os conceitos falsos adaptativos e ilusões positivas que conseguiu imaginar. Sonhe com precisão, torne o sonho fantástico. Gaste alguns minutos, feche os olhos, aproveite.

Ajuda se você puder falar com alguém a respeito de seu sonho, ou descrevê-lo em voz alta para si mesmo. Você foi preciso? Você o vivenciou? Você o apreciou? Pode melhorá-lo da próxima vez? Poderia construir um cenário "impossível" da próxima vez? Você poderá, se praticar.

Algumas pessoas, ao criarem um cenário futuro, não conseguem imaginar um futuro altamente desejável para elas mesmas. Não conseguem se ver como parte de um futuro positivo. Isto é decorrência de se tornar "muito bom" em ser objetivo. É decorrência de muitas experiências negativas anteriores; é decorrência de ter aprendido que não se deve fazer isso. É decorrência da falta de prática; é decorrência de muitos fatores. Mas isso *pode* ser superado.

O que aconteceria se as pessoas aprendessem a sonhar sonhos impossíveis (otimistas) com mais freqüência? Ou se tornassem hábeis imaginando cenários futuros desejáveis? Correr uma milha em menos de quatro minutos exige duas coisas: a crença de que você é capaz de fazer e fazê-lo. A primeira pode ser tão importante quanto a segunda. E se a vida for realmente uma profecia auto-realizável?

O teste de visão na incerteza positiva é um processo para examinar e educar os olhos daquele que vê. O teste da visão é o oposto do teste da realidade. A maioria de nós tem muita prática testando a realidade, "sendo realista", mas não tem tanta experiência com "pensamento positivo", com a prática do otimismo. O exame e as atividades corretivas da incerteza positiva ajudarão aquele que toma decisões a explorar as crenças e visões nos olhos da mente e ajudarão no desenvolvimento de pelo menos um equilíbrio entre o otimismo e a objetividade sobre o futuro. Mas como descobrir o equilíbrio certo entre "otimismo irrealista" e "objetividade impossível?"

O problema, naturalmente, é que os dois estão intimamente relacionados. Ser otimista sobre o que poderá acontecer pode mudar o que acontece. Ser positivo e confiante naquilo que você está tentando realizar o deixa relaxado e, paradoxalmente, concentrado. Aquele que toma decisão, que se sente confiante, como um time de baseball, ficará relaxado e, provavelmente, terá mais sucesso.

O Caso de Dave

Lembre-se de Dave, aquele que era realista em relação ao seu futuro, com os dois pés no chão. Ele não seria surpreendido com expectativas tolas. Dave tinha sua "cabeça no lugar". Ele não deixaria que falsas esperanças ou fantasias sobre o futuro o distraíssem.

O que Dave não percebeu foi que a realidade está nos olhos de quem a vê. Assim como sua esperança sobre o futuro. Quando Dave teve que encarar uma "nova realidade", de se mudar para um novo lugar, com um novo começo para ele, não pôde imaginar um final feliz para si. Depois que se mudou para outro lugar do país, Dave descobriu que estava certo, ele não vivenciou um final feliz. A vida era, realmente, uma profecia auto-realizável.

Não sabemos, claro, o que teria acontecido se Dave tivesse uma crença diferente a respeito de sua mudança. Contudo, sabemos que aquilo que ele fez a respeito de seu futuro teria sido diferente. A imagem de Dave a respeito de seu futuro é um dos fatores mais importantes em sua determinação. Até mesmo um otimismo irrealista sobre o futuro proporciona mais poder do que a objetividade racional.

De que maneira você se parece com Dave? Quais são suas atitudes e aptidões no fator aquilo em que você acredita da tomada de decisão? Assinale com um X as respostas abaixo que se aplicam ao seu caso.

Avaliação Pessoal

1. Você acha que é possível ser tanto objetivo quanto otimista?

☐ sim
☐ não
☐ talvez

2. Você acha isso desejável?

☐ sim
☐ não
☐ talvez

3. Você é melhor em reconhecer que a realidades está:

☐ nos olhos de quem a vê (aquilo que você vê)
☐ no Eu daquele que a vê (aquilo que você faz)
☐ ser equilibrado

4. Você se julga melhor em

☐ tratar as crenças como auto-ilusão
☐ tratar as crenças como profecia
☐ ser equilibrado

5. Você se julga melhor em

☐ testar a realidade
☐ ter pensamentos positivos
☐ ser equilibrado

6. Como você avalia suas aptidões de "teste de visão" usando metáforas e elaborando cenários?

☐ excepcionais
☐ adequadas
☐ necessitando de aperfeiçoamento

Resumo

A tomada de decisão de forma criativa usando a Incerteza Positiva recomenda:

- Ser bem objetivo e otimista.

- Perceber que a realidade está nos olhos e no Eu de quem a vê.

- Tratar crenças como profecias.

- Equilibrar o teste da realidade com pensamentos positivos.

O princípio aquilo em que você acredita é o mais poderoso de todos. Suas crenças não só determinam parcialmente o que faz, mas também determinam aquilo que você quer e sabe. Crenças rígidas tornam você rígido nas tomadas de decisão. Quando você muda suas crenças, muda seus óculos: você muda aquilo que quer, sabe, vê, e faz. A revisão de suas crenças e de sua visão do futuro pode ser uma habilidade útil a desenvolver para navegar pelas corredeiras de um rio turbulento.

As pessoas não vivem de forma totalmente racional e objetiva. Não é possível dançar com o hemisfério esquerdo do cérebro. Mas as pessoas podem aprender a alcançar um equilíbrio entre o racional e o intuitivo, o objetivo e o subjetivo, ao escolher sobre o que fazer. Contudo, o papel daquilo em que você acredita não pode ser subestimado.

> *A realidade é ilusão, e somente a ilusão é real.*
> Don Quixote

PARTE IV – PRINCÍPIO PARADOXAL Nº 4:
SEJA PRÁTICO E MÁGICO
Quanto Àquilo Que Você Faz

> *Não faça nada que não deva fazer, a menos que tenha um bom motivo para fazê-lo.*
> **Ashleigh Brilliant**

O Princípio Paradoxal nº 4 aborda o que você faz para decidir o que fazer. Trata dos métodos, regras ou procedimento usados para tomar decisões.

É claro que livros de regras e procedimentos impositivos dirão como você decidir. Regras de vida são ensinadas em todas as salas de aula, desde o jardim da infância, até a faculdade. As pessoas adoram regras que lhes digam o que fazer, e elas as odeiam. É um outro paradoxo da vida. Queremos ser o capitão de nosso navio, mas também queremos um manual de navegação. As pessoas almejam por autonomia, mas também a temem — assumir a responsabilidade por tomar as decisões que determinam a vida delas. É o nosso tão querido livre arbítrio. As pessoas que temem tomar decisões usarão muitas técnicas, muitas vezes de forma inconsciente, para evitar tomá-las. Contudo, é impossível evitar as tomadas de decisão.

Imagine este cenário: o executivo extenuado acabou de fazer um extenso exame clínico e está ouvindo as recomendações do médico para sua recuperação. O que ele ouve é: "recomendo que você pare de beber, de fumar e de tomar decisões". Deixar de beber e de fumar é difícil, mas possível, afinal outras pessoas conseguiram. Mas ninguém já conseguiu parar de tomar decisões porque até mesmo não tomar decisões já é uma decisão. A melhor prescrição para uma pessoa saudável que toma decisões não é parar de tomar decisões, mas abandonar o medo e o *stress* que geralmente estão associados a elas. Este capítulo poderia ser intitulado "A Alegria de Decidir".

A prescrição da Incerteza Positiva para inserir alegria na decisão é: seja prático e mágico sobre o que você faz para decidir. Ser prático significa ser empresarial, sensato, razoável e pé-no-chão — o lado racional da sua mente. Ser mágico significa mistério, prazeroso, fácil e sopa-no-mel — o lado intuitivo. Este princípio poderia ser considerado uma regra de decisão, mas não se trata do tipo de regra impositiva e precisa que as pessoas tanto adoram e detestam. Na verdade, ela é bem ambígua. A esta altura, você já percebeu que a ambigüidade é a abordagem da Incerteza Positiva.

SEJA PRÁTICO E MÁGICO (Continuação)

A abordagem da Incerteza Positiva precisa ser ambígua para poder acomodar os paradoxos de desejar e repudiar a autonomia, e de amar é detestar regras. Ela envolve o uso de algumas regras de decisão, a elaboração de algumas outras e a quebra de algumas outras. O que você faz dependerá de muitas coisas, incluindo o que quer, sabe, e em que acredita. Mas não deve depender de regras rígidas de decisão. Você não deve se tornar um prisioneiro de seus procedimentos.

Todos têm procedimentos, regras ou métodos para decisão. Todos os métodos parecem cair em uma das seguintes categorias (ou combinação delas): racional, intuitivo, tradicional. A maioria das regras racionais funciona mais ou menos assim: defina os objetivos, analise alternativas, preveja as conseqüências, selecione a melhor alternativa. Os métodos intuitivos e tradicionais são altamente idiossincráticos. Até recentemente, as regras racionais constituíam o protótipo da boa tomada de decisão. Embora o processo racional fosse apresentado como sabedoria convencional, ele não era muito praticado. O que a maioria das pessoas faz para decidir é algo particular, pessoal e não-convencional.

As regras particulares freqüentemente passam despercebidas. Estas regras começam como diretrizes e terminam como camisas de força. Na verdade, as regras freqüentemente se tornam hábitos que são muito fracos para serem sentidos até se tornarem muito fortes para serem quebrados. Aqueles que tomam decisões podem se ajudar fazendo uma revisão de seus hábitos despercebidos, de tomada de decisão. O Princípio nº 4 não pretende estabelecer uma regra melhor para decidir o que fazer. Ele encoraja aqueles que tomam decisões a desenvolver um repertório de métodos racionais/intuitivos/tradicionais, a se sentirem à vontade com tal aliança, a se tornarem conscientes de suas responsabilidades de escolha e a aperfeiçoar um conjunto de habilidades equilibradas para decidir o que fazer para decidir.

Tente o exercício de Incerteza Positiva para a caça de hábitos, para descobrir aqueles seus métodos de decisão que se tornaram hábitos não percebidos. Freqüentemente isto é difícil de fazer porque nós realmente não sabemos como decidimos e porque, em geral, a maneira como pensamos que deveríamos decidir e a maneira como efetivamente decidimos são diferentes.

Imagine-se sendo entrevistado por si mesmo, e que você realmente quer descobrir o que você faz para decidir. Você usa algumas regras de decisão, embora não tenha muita certeza de quais são elas. Você está tentando descobrir seu padrão de hábitos. Esta é uma busca autodirigida para detectar pistas para seus métodos de decisão. Trata-se de uma expedição de caça de hábitos; não é um teste.

Se você tiver dificuldade, concentre-se na (ou comece pela) pergunta 4 e use vários exemplos.

Caça de Hábitos: Procure os métodos (hábitos) que você usa quando toma decisões.

1. Descreva várias regras de decisão operacionais padronizadas, como você as conhece, aquelas que lhe foram ensinadas, que aprendeu ou desenvolveu. Se você tiver dificuldade, leia o menu de regras na página seguinte.
   _____
   _____
   _____

2. Qual é a maneira de decidir que você considera certa?
   _____
   _____

3. Qual é a sua forma mais comum de decidir?
   _____
   _____

4. Descreva a maneira como você toma decisões específicas. Dê dois exemplos.

   Primeiro exemplo de decisão: _____

   - Como você decidiu isso? Que regra de decisão usou?

   - Por que decidiu dessa maneira?

   - Descreva as formas como outros poderiam ter decidido neste exemplo.

   Segundo exemplo de decisão: _____

   - Como você decidiu isso? Que regra de decisão usou?

   - Por que decidiu dessa maneira?

   - Descreva as formas como outros poderiam ter decidido neste exemplo.

Torne a caça a hábitos um processo contínuo, para ficar sempre alerta em relação às suas regras de decisão e para se tornar capaz de ampliá-los.

SEJA PRÁTICO E MÁGICO (Continuação)

Um Menu de Métodos

A maioria das pessoas alega usar o método racional de decisão: defina os objetivos, analise as alternativas, preveja as conseqüências, selecione a melhor alternativa (aquela com maior valor de expectativa, a maior probabilidade e o maior grau de desejo). A seguir estão alguns exemplos de outros métodos de decisão.

Seguro: Escolha a alternativa com o menor risco.

Desejo: Escolha a alternativa que possa levar ao melhor resultado.

Fuga: Escolha a alternativa que tenha a maior possibilidade de evitar o pior resultado possível. Fuja de catástrofes.

Impulsivo: Escolha pelo instinto — salte antes de olhar.

Protelativo: Opte por procrastinar ou postergar — "Cruzar aquela ponte mais tarde."

Fatalista: Deixe que o destino decida — "Está nas cartas."

Concordante: Deixe algum outro decidir. — "O que você decidir está bom para mim."

Exemplos Idiossincráticos: Por causa da minha fé nas Santas Escrituras —

"Escolha o caminho menos trilhado."

"Faça o que Deus faria."

"Escolha o primeiro" "... o último" "... o mais barato."

"Escolha o mais fácil" "... o mais difícil."

"Escolha o mesmo que eu escolhi da última vez."

"Faça aquilo que parece ser certo."

"Faça o que minha mulher (marido, patrão etc.) faria."

"Some os prós e os contras e decida."

"Faça o que os outros esperam que você faça."

"Decida ao acaso e esqueça."

Acrescente outros exemplos que você conhece:

_____

_____

_____

O Princípio O que Você Faz

O princípio o que você faz, embora seja a culminação do processo de tomada de decisão, está interligado com os outros três princípios da Incerteza Positiva. Os quatro princípios básicos não podem ser separados na prática, como fizemos ao escrever sobre eles.

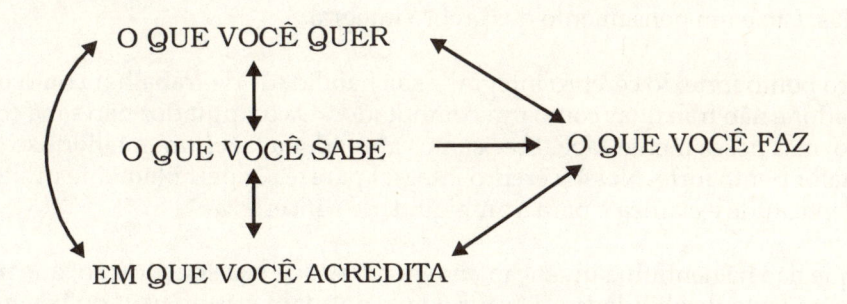

```
            O QUE VOCÊ QUER
                 ↕
         O QUE VOCÊ SABE  →  O QUE VOCÊ FAZ
                 ↕
          EM QUE VOCÊ ACREDITA
```

A interconexão destes quatro fatores de decisão torna impossível examinar apenas um fator de cada vez; não é possível separar *o que* você faz de *olhar* o que você está fazendo. Por exemplo, no minuto que decide que o que faz realmente faz uma diferença, isto fará uma diferença naquilo que você faz.

Ser prático e mágico é ser interligado, é usar todo o cérebro. Precisamos aprender a usar todos os nossos poderes criativos quando decidimos o que fazer. Precisamos aprender a usar os dois lados de nosso cérebro como se fossem parceiros, porque eles são. Precisamos ser bem-humorados e não temerosos quando estamos tomando decisões. Precisamos aprender a jogar com as limitações de nossa lógica e a jogar com a inexistência de limites de nossa intuição. Isto é ser prático e mágico.

> O lado prático joga *dentro* de limites.
>
> O lado mágico joga *com* os limites.

Embora o conceito de cérebro esquerdo ou direito esteja sendo muito usado e ultra-simplificado, ele é útil quando se promove uma abordagem "de cérebro inteiro" para a tomada de decisão. O pensamento ocidental está tão comprometido com a lógica do cérebro esquerdo que é difícil para algumas pessoas considerar, seriamente, outros tipos de abordagem para tomar decisões importantes sobre suas vidas. Imagine tentar vender a idéia "salte antes de olhar" para o cérebro esquerdo. Não faz sentido para a mente racional. O que a mente integral faria a respeito de olhar e saltar como uma abordagem para a vida?

Talvez os dois diferentes enfoques filosóficos a seguir ajudem a ilustrar o ponto em questão:

> *A vida sem exame não vale a pena ser vivida.* **Sócrates**
> *A vida não vivida não vale a pena ser examinada.* **Max Learner**

SEJA PRÁTICO E MÁGICO (Continuação)

Usando uma Abordagem de Cérebro Integral

Seria muito bom se não tivéssemos que escolher entre uma vida não vivida e uma vida não examinada. A maioria de nós, naturalmente, acredita um pouco em cada uma delas. Isto é um pensamento de cérebro integral.

Um outro ponto forte do cérebro integral é sua habilidade de trabalhar como um computador e não trabalhar como um computador. O computador não sabe como ser ambíguo, mas nossa mente sabe. Precisamos aprender a fazer um melhor uso de nosso maior ponto forte. Nosso cérebro integral parece ser perfeitamente projetado para a explicitude e clareza e para a ambigüidade e incerteza.

Parece que não há nenhuma invenção, independente de sua sofisticação, que possa igualar o poder, a flexibilidade e a "capacidade de adaptação ao usuário" da mente humana integral. Tudo que temos a fazer é aprender a usá-lo.

Até onde você é bom no uso dos dois lados do seu cérebro? O exercício seguinte é um meio de examinar como você encara a vida. O uso da técnica Fuzrate lhe permitirá fazer a sua classificação, uma vez que você pode ser um pouco difuso na sua avaliação.

Avaliação do Cérebro Integral

Onde você está no contínuo do cérebro esquerdo — direito? Dê uma nota para si. Use a técnica Fuzrate (vide página 19):

1. Ao usar regras de decisão, você geralmente...
   Joga dentro de limites ———————————— Joga com os limites

2. Ao fazer escolhas, você geralmente...
   Olha antes de saltar ———————————— Salta antes de olhar

3. Na sua filosofia de vida, você geralmente...
   Valoriza a vida examinada ———————————— Valoriza a vida vivida

4. Trabalhando com informações, você geralmente...
   Prefere dados precisos ———————————— Prefere dados superficiais

5. Ao decidir o que fazer, você geralmente...
   Confia no seu cérebro esquerdo ———————————— Confia no seu cérebro direito

Suas respostas podem fornecer uma idéia de onde você está no contínuo prático — mágico da tomada de decisão. Alguns conselhos ambíguos e uma fórmula tola podem fazer com que você altere a sua posição.

> *Conselho ambíguo:* **Aprenda a planejar e planeje para aprender.**

Já sabemos que planejar para o futuro pode ser inexeqüível porque o futuro é imprevisível e as pessoas são irracionais. Nesta Parte (Parte IV), você deve aprender a planejar o futuro, o que só faz sentido se você acrescentar "e planejar para aprender". Tal como os demais conselhos ambíguos da Incerteza Positiva, aprender a planejar e planejar para aprender têm dois lados, e serão necessários os dois lados para obter o todo.

Quando se trata do futuro, existem três tipos de pessoas:

- Aquelas que o fazem acontecer.
- Aquelas que ficam olhando ele acontecer.
- Aquelas que ficam querendo saber o que foi que aconteceu.

Que tipo de pessoa você é (o que decide fazer sobre o seu futuro) é o assunto deste livro. A tomada de decisão pode ser usada para provocar a mudança, ou para se adaptar à mudança. Pode ser usada para prever o futuro e preparar para o que está previsto. Ou pode ser usada para imaginar o futuro e criar o futuro imaginado. Você pode se decidir por qualquer uma das opções, ou fazer as duas coisas. Mas se decidir não fazer nada, acabará querendo saber o que foi que aconteceu.

O futuro não existe; ele precisa ser inventado e construído. Você tem duas escolhas; fazer o futuro acontecer ou ficar olhando ele acontecer. A Incerteza Positiva sugere que aqueles que tomam decisões devem encontrar um equilíbrio entre fazer e ficar olhando. Trata-se de um equilíbrio entre aprender a planejar (estabelecer metas, determinar estratégias, prever resultados) e planejar para aprender (esperar mudanças, visualizar mudanças, provocar mudanças). São necessários dois tipos de habilidades.

Habilidades para Tomada de Decisão

Cérebro Esquerdo - O Prático	*Cérebro Direito - O Mágico*
Prevê/Prepara para o futuro	Imagina/cria o futuro
É reativo - adapta-se à mudança	É proativo - provoca a mudança
Prevê - antecipa	Projeta - dá origem
Define metas - foco nos resultados	Cria imagens - foca sonhos
Objetivos - antecipa resultados	Cenário - propõe *script*
É sistemático - estrutura & abordagem	É inventivo - fantasia possibilidades
Lente *Zoom* - foco no alvo	Lente Grande Angular - abrange uma cena ampla
Lógico	**Intuição**
Seqüencial	**Relacionamentos**
Verbal	**Visual**
Linear	**Espacial**
Analítico	**Criativo**
Hemisfério Esquerdo	**Hemisfério Direito**

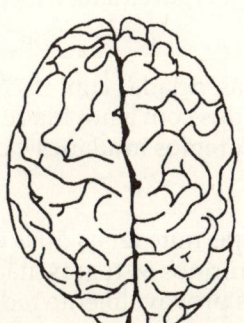

Usando uma Abordagem de Cérebro Integral (Continuação)

Como aparentemente você tem mais de um cérebro, por que não usá-los em conjunto? Pense nas vantagens de ver o futuro tanto com uma lente grande angular quanto com uma lente *zoom*.

Reveja as habilidades do cérebro esquerdo/cérebro direito e indique seus pontos fortes e fracos no contínuo a seguir, usando novamente a escala fuzrate.

Habilidades para Tomada de Decisão

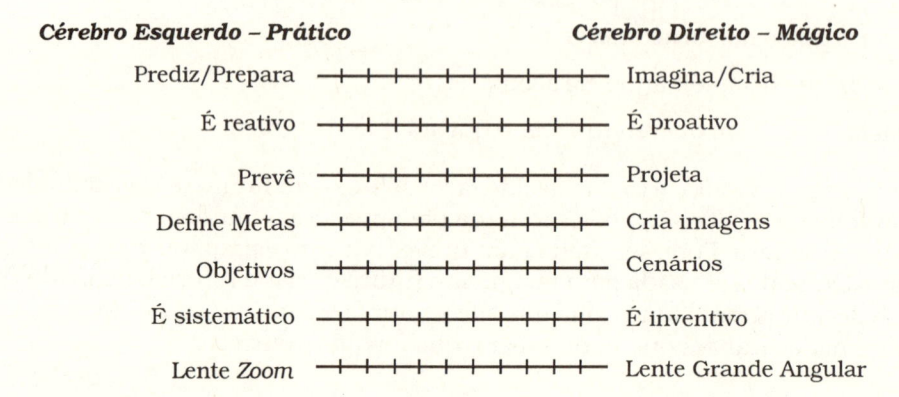

Cérebro Esquerdo – Prático		*Cérebro Direito – Mágico*
Prediz/Prepara	—┼—┼—┼—┼—┼—┼—┼—┼—┼—┼—	Imagina/Cria
É reativo	—┼—┼—┼—┼—┼—┼—┼—┼—┼—┼—	É proativo
Prevê	—┼—┼—┼—┼—┼—┼—┼—┼—┼—┼—	Projeta
Define Metas	—┼—┼—┼—┼—┼—┼—┼—┼—┼—┼—	Cria imagens
Objetivos	—┼—┼—┼—┼—┼—┼—┼—┼—┼—┼—	Cenários
É sistemático	—┼—┼—┼—┼—┼—┼—┼—┼—┼—┼—	É inventivo
Lente *Zoom*	—┼—┼—┼—┼—┼—┼—┼—┼—┼—┼—	Lente Grande Angular

Se você for como a maioria dos que tomam decisões, desenvolveu alguns dos dois tipos de habilidades de decisão, mas não tem um repertório muito equilibrado. Ou talvez seja do tipo que decide de uma forma e finge decidir de outra. Usar o cérebro inteiro não significa que quem toma decisões precisa abandonar suas habilidades racionais de decisão, ou o cérebro esquerdo, mas sim dar igual credibilidade e envolvimento ao lado direito. Algumas pessoas, naturalmente, precisarão se tornar equilibradas incluindo mais o lado prático em sua abordagem de cérebro integral.

Da mesma forma que seu cérebro, a criatividade também tem doi lados. Ser criativo é ser diferente, incomum, inventivo. A criatividade provoca mudanças. Se você fizer coisas de forma diferente, o resultado serão mudanças. Mas a criatividade também é necessária para reagir com sucesso à mudança. Se seu meio ambiente muda, você precisa reagir de forma diferente. A criatividade é incerta. Da mesma forma que a mudança.

A mudança e a criatividade estão associadas com risco, e as duas provocam medo, ansiedade e desaprovação associados com a novidade. Mas elas também provocam alegria, excitação e aprovação. Queremos mudança e criatividade, e também queremos evitá-las.

Portanto, ser prático e mágico lhe permite ter as duas coisas. Se nunca fizermos algo de forma diferente, se sempre seguirmos as regras, não poderemos ter certeza de reduzir a incerteza e os riscos, mas provavelmente reduziremos a alegria e a excitação.

> *Fórmula Insensata:* **Trate a intuição como uma coisa real.**

Esta fórmula insensata é a chave para tomar decisões de forma criativa. A intuição é chamada, entre outras coisas, de *insight*, adivinhação, sexto sentido, precognição, palpite ou conhecimento direto, sem pensamento racional evidente. A intuição às vezes é encarada como uma desculpa para fazermos algo que de outra forma não poderíamos justificar, ou para nos recusarmos a seguir a lógica de nossas próprias crenças. Tratar a intuição como uma coisa real, mesmo que não possamos explicá-la de forma científica, nos permite visualizar possíveis ações que estão fora de nosso esquema presente para explicar ou justificar o comportamento.

Usar a intuição é como improvisar. As estratégias de tomada de decisão convencionais dão ênfase a fatos concretos, que possam ser analisados. Contudo, fatos concretos analisam o passado, uma vez que qualquer coisa que pode ser medida ou analisada já aconteceu. A confiança excessiva neste tipo de *input* pode negar à mente intuitiva o tipo de matéria-prima que a alimenta. Aqueles que tomam decisões com todo o cérebro às vezes vão querer improvisar.

Você pode praticar o desenvolvimento do seu próprio estilo mágico de decisão aprendendo a improvisar. Como outras coisas podem ser disfarçadas de intuição, descubra se ela é real, e trate-a desta maneira, com todos os direitos e privilégios concedidos à razão e à lógica. Tente a seguinte atividade de questionamento pessoal sempre que topar com algo que ache que é intuição.

É realmente Intuição? Um questionamento Pessoal.

Pergunte a você mesmo sempre que estiver inseguro se sua improvisação é realmente intuição.*

É intuição ou é ...

1. *Medo da incerteza?* Ela o deixa menos indeciso ou menos ambíguo?
2. *Desejo?* É o desejo de que algo aconteça, uma esperança poderosa, em que você quer fortemente acreditar?
3. *Impulsividade?* Trata-se de um comportamento reativo, fora do controle?
4. *Emoção?* Você "intuiu" a partir de raiva, intimidação, uma necessidade de se sentir como vítima?
5. *Preguiça intelectual?* É uma justificativa para uma saída fácil?
6. *Criação de imagem?* É uma necessidade de parecer decidido, seguro, autoconfiante?
7. *Rebeldia?* Você precisa ser diferente, lutar contra uma autoridade, evitar se dobrar?

O questionamento pessoal parece ser uma contradição, uma vez que lhe pede que analise uma intuição. Mas é realmente um exemplo de utilização dos dois lados do cérebro — pensa-se com todo o cérebro. Lembre-se da linha fina que separa as ilusões positivas e o auto-engano discutida na Parte III, "Em Que Você Acredita." Aprender a confiar na sua intuição é parte do paradoxo de ser objetivo e otimista.

---

* Adaptado do livro *The Intuitive Edge Goldberg*.

SEJA PRÁTICO E MÁGICO (Continuação)

Desenvolvendo o seu Estilo Prático/Mágico de Tomada de Decisão

Para se tornar uma pessoa que toma decisões com todo o cérebro, você pode fazer pelo menos três coisas.

- Tomar consciência de seus métodos e hábitos inconscientes de tomada de decisão. Você pode começar conhecendo os procedimentos decisórios que o usa, dando prosseguimento aos exercícios de caçada de hábitos. A tomada de consciência de seus hábitos, pensamentos e intuição induz à tomada de decisão eficazes. Ao desenvolver um conhecimento efetivo daquilo que faz, não daquilo que finge fazer, você pode decidir o que quer fazer, evitando, assim, se tornar um prisioneiro de seus procedimentos. Você se torna criativo e flexível.

- Se esforçar para encontrar um equilíbrio entre os métodos práticos e os mágicos. Continue a avaliar o seu *status* usando o método de avaliação com o cérebro integral, com as habilidades de tomada de decisão, no contínuo e com outras ferramentas. Use estas avaliações para fortalecer suas áreas fracas e obter mais equilíbrio.

- Aprender a dominar o paradoxo. Nossa sociedade, em contínua mutação, exige que aprendamos a amar as mudanças, não nos ajustar a elas. Num momento de mudanças sem precedentes, de incerteza e de caos, a incerteza positiva recomenda dominar os quatro princípios paradoxais para prosperar no caos.

Um paradoxo parece contraditório até mesmo absurdo, mas realmente pode ser verdadeiro. Para dominar o paradoxo, aqueles que tomarão decisões amanhã precisam estar à vontade com a contradição e o absurdo. Precisam ser flexíveis, prudentes, otimistas e mágicos. Também precisam se direcionar, ser conscientes, objetivos e práticos. Aprenderão a ter sucesso fracassando mais; eles aprenderão a fazer regras e a quebrá-las; aprenderão a reagir de forma criativa à mudança e a criar mudança; e aprenderão a planejar e a planejar para aprender.

O Prático e o Mágico Colocados Juntos

Para ajudá-lo a desenvolver o seu próprio estilo de tomada de decisão equilibrado e criativo, o modelo de árvore de decisão a seguir é uma abordagem que usa tanto o racional quanto o intuitivo quando se decide o que fazer. Sua abordagem pode ser parecida com ele, uma variação, uma combinação de certas partes, algo muito diferente, ou todas estas possibilidades listadas.

Na Parte II, "Esteja Bem Informado e Seja Prudente", dissemos que a tomada de decisão tem três partes: Ações, Resultados e Incerteza entre ações e resultados. A incerteza envolve o grau de desejo dos resultados e sua probabilidade. A escolha, portanto, exige que se examinem:

1. Opções, alternativas.
   Possíveis ações que você poderia realizar. O que poderia fazer.

2. Resultados, conseqüências.
   Possíveis resultados de suas ações. O que poderia acontecer.

3. Grau de desejo do resultado.
   Preferências pessoais. Quanto valor você dará ao que acontecer.

4. Probabilidade dos resultados.
   A chance de as conseqüências acontecerem. A possibilidade dos resultados.

Quando você faz uma escolha do que fazer, não pode nunca saber qual será o resultado ou como irá reagir. Você não pode ter certeza do que acontecerá como resultante daquilo que decide fazer. Você não pode ter certeza do quanto realmente irá gostar ou desgostar daquilo que acontecerá até que realmente aconteça. O estudo dos fatos e a análise de dados científicos o ajudarão a fazer cálculos e previsões. Mas o estudo dos seus sentimentos e da sintonia dos seus palpites também pode ajudá-lo com imaginação e profecia. Contudo, a incerteza não pode ser eliminada.

IMAGEM DA ÁRVORE DE DECISÃO

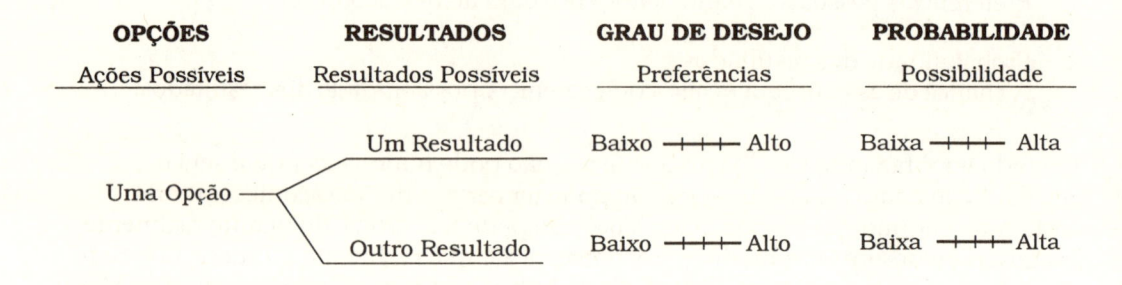

Uma forma de assimilar o prático e o mágico é visualizar uma árvore de decisões. Imagine um quadro da sua decisão com as quatro partes da decisão listadas na página anterior. Você pode, naturalmente, desenhar a figura e preencher os espaços em branco para uma decisão específica, usando muitas árvores e ramos de decisão para todas as opções e resultados. Contudo, se você for capaz de plantar tal imagem de árvore de decisão em sua mente, isso pode ser útil no desenvolvimento de seu repertório de estratégias de decisão, para grandes ou pequenas decisões.

Este modelo de árvore de decisão é emprestado de estratégias de decisão altamente racionais, tendo por objetivo ajudar aqueles que tomam decisões a raciocinar através das incertezas usando tanto processos racionais quanto intuitivos e a tomar suas próprias decisões no que tange a como decidir. Não será feita qualquer tentativa para descrever o difícil processo racional de estimar o valor combinado de probabilidade e grau de desejo.

Imagem da Árvore de Decisão

OPÇÕES	RESULTADOS	GRAU DE DESEJO	PROBABILIDADE
Ações Possíveis	Resultados Possíveis	Preferências	Possibilidade
Uma Opção	Um Resultado	Baixo ——— Alto	Baixa ——— Alta
	Outro Resultado	Baixo ——— Alto	Baixa ——— Alta

Isto lhe fornece um ponto de partida visual. Usando este modelo visual, você pode pular dos métodos racionais para os intuitivos, e vice-versa, e decidir o que fazer quando se sentir preparado ou quando for necessário. Os passos seguintes não têm a pretensão de ser prescritivos, mas visam proporcionar uma base para desenvolver o seu próprio estilo idiossincrático usando o cérebro integral. O exemplo da imagem da árvore de decisão pode ser usado com o exercício de Ponderação de sua Resignação, na Parte II, para ilustrar suas possibilidades; você pode querer pegar uma decisão real que já tomou ou está prestes a tomar, e usá-la como exemplo.

Enquanto você usa este modelo visual, lembre-se de perguntar "O que mais posso fazer?" e "O que mais pode acontecer?" Você pode estar se esquecendo de outras opções e resultados importantes. Contudo, para este exercício, tente reduzir sua decisão para uma escolha sim/não ou uma ou outra opção; por exemplo, "largar meu emprego ou ficar". A seguir, pense em um resultado muito desejável, e em outro muito indesejável. Finalmente, atribua sua melhor estimativa ou probabilidade a cada um deles. Estes três passos são preenchidos para a primeira opção, como ilustrado adiante.

Exemplo de Imagem da Árvore de Decisão

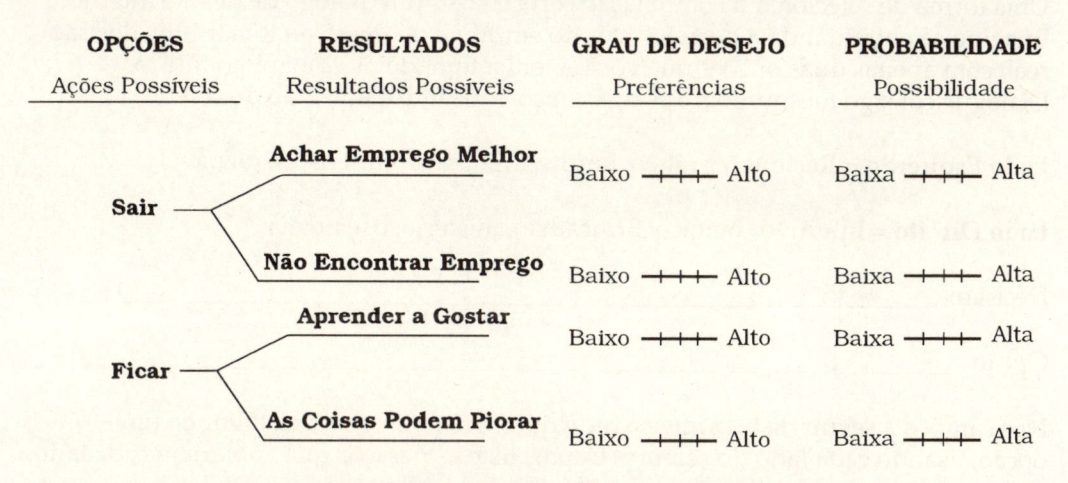

OPÇÕES	RESULTADOS	GRAU DE DESEJO	PROBABILIDADE
Ações Possíveis	Resultados Possíveis	Preferências	Possibilidade

Sair
- Achar Emprego Melhor — Baixo ⊢⊢⊢ Alto — Baixa ⊢⊢⊢ Alta
- Não Encontrar Emprego — Baixo ⊢⊢⊢ Alto — Baixa ⊢⊢⊢ Alta

Ficar
- Aprender a Gostar — Baixo ⊢⊢⊢ Alto — Baixa ⊢⊢⊢ Alta
- As Coisas Podem Piorar — Baixo ⊢⊢⊢ Alto — Baixa ⊢⊢⊢ Alta

É claro que existem mais de dois resultados possíveis. Para ajudá-lo a pensar em outros, sobreponha a grade de resultados da Parte II na sua imagem.

OPÇÕES	RESULTADOS	GRAU DE DESEJO	PROBABILIDADE
Ações Possíveis	Resultados Possíveis	Preferências	Possibilidade

Sair do Emprego
- Para si
- Para outros

POSITIVOS	NEGATIVOS

RESULTADOS

Estes diagramas devem ajudá-lo a olhar para a informação que você está arrumando e rearrumando nas suas "duas mentes" e a ajudá-lo a decidir como fazer a escolha. Você tem os fatos? O que você quer está distorcendo os fatos? O que você acredita fará uma diferença no resultado? O que os seus palpites dizem? Você pode confiar na sua intuição?

Reveja sua imagem de árvore de decisão. Onde pegou aquelas estimativas de probabilidade? Aquele resultado é realmente tão desejável? Indesejável? O modelo visual ajuda a fazer um mapa de seu processo decisório, para ajudá-lo a decidir. Algumas vezes você desejará ser muito lógico, coletando dados fatuais. Outras, você pode não ser capaz ou querer fazer isso. Muitas vezes será uma combinação; uma combinação criada por você.

SEJA PRÁTICO E MÁGICO (Continuação)

O Diálogo de Debate Interno

Uma forma de selecionar a combinação certa é fazer um diálogo de debate interno. Imagine-se enfrentando a decisão "sair do emprego ou ficar" ou tomar uma decisão real, com apenas duas opções que você já tenha tomado ou tomará no futuro. Dialogue consigo mesmo sobre as duas opções, usando cada lado do cérebro:

Lado Esquerdo = Racional/prático: Empresarial, de bom senso, e razoável.

Lado Direito = Intuitivo/mágico: Brincalhão, misterioso, e ilógico.

Decisão: _____

Opção: _____

Nos campos a seguir, liste primeiro tudo que você pode pensar a favor de uma opção, usando cada lado do cérebro. Depois liste as pessoas que apoiariam cada lado. Talvez você queira repetir este processo com a segunda opção.

Use o diálogo interno para debater consigo mesmo, usando argumentos que sejam racionais e intuitivos. Observe como se sente em relação a cada argumento. Isto lhe diz alguma coisa. Observe também quem está de cada lado. Que tipo de pessoas são elas? A opinião delas tem importância? Você gostaria de ser mais parecido com elas? Qual o significado da posição delas, para você?

O Diálogo de Debate Interno

Esquerdo: Racional/Prático	Direito: Intuitivo/Mágico
Pessoas que apoiariam este lado	**Pessoas que apoiariam este lado**

As decisões não são tomadas por modelos de decisão nem modelos analíticos, mas por pessoas. Mais informações e mais análises nem sempre é a solução. Às vezes é preciso optar entre algo racional e algo intuitivo. Faça-o com Incerteza Positiva.

O Caso de Alan

Lembre-se de Alan, aquele que era sempre prático. Era empresarial e metódico na maneira como tomava suas decisões. Ele era bom usando sua cabeça, mas não usando seu coração, bom com a abordagem científica mas não com a abordagem de uso de seus instintos.

Alan rejeitava a intuição como algo inadequado para as decisões empresariais e financeiras em sua vida. Realizou pesquisa de mercado e levantamentos junto a consumidores, estudou as mais recentes tendências na sociedade predisse o futuro de produtos antes do desenvolvimento e analisou o histórico de ações antes de investir.

Alan descobriu que alguns palpites empresariais e de investimento trouxeram resultado para amigos e concorrentes. Também descobriu que sua pesquisa e previsões às vezes não se realizavam exatamente como o previsto. Novas tendências surgiam antes que pudessem ser estudadas. Às vezes seus sentimentos sobre o que ele deveria fazer eram melhores do que suas evidências científicas.

De que maneira você se parece com Alan? Quais são suas atitudes e aptidões no fator aquilo que você faz da tomada de decisão? Assinale com um X as respostas a seguir que se aplicam ao seu caso.

Avaliação Pessoal

1. Você acha que é possível ser prático e mágico ao mesmo tempo?

☐ sim
☐ não
☐ talvez

2. Você acha isso desejável?

☐ sim
☐ não
☐ talvez

3. Você é melhor em:

☐ aprender a planejar
☐ planejar para aprender
☐ ser equilibrado

4. Você se julga melhor em

☐ tratar a intuição como ilusória
☐ tratar a intuição como real
☐ ser equilibrado

5. Você se julga melhor em

☐ reagir à mudança
☐ provocar a mudança
☐ ser equilibrado

6. Como você avalia suas aptidões de uso do cérebro integral?

☐ excepcionais
☐ adequadas
☐ necessitando de aperfeiçoamento

Resumo

A Incerteza Positiva não lhe fornecerá um conjunto de regras rígidas para tomar decisões. Na verdade, a tomada de decisão de forma criativa exige a quebra de algumas regras e a criação de outras à medida que você a pratica. Assim sendo, o que faz para decidir é deixado ao seu critério, sem uma fórmula ou um conjunto de diretrizes confiáveis e inflexíveis. Contudo, a tomada de decisão de forma criativa usando a Incerteza Positiva recomenda:

- Ser prático e mágico sobre o que você decidir fazer.

- Aprender para planejar e planejar para aprender.

- Tratar a intuição como algo real.

- Atingir o equilíbrio reagindo à mudança e provocando a mudança.

O que você faz está tão interligado com o que quer, sabe ou acredita, que é difícil falar sobre estas coisas de forma separada. Mas fizemos isso neste capítulo. O que você faz são os métodos, procedimentos e regras usadas na tomada de decisão sobre o que fazer. A Incerteza Positiva não recomenda um conjunto de regras padronizadas porque elas não deixam muita margem para idéias criativas. A Incerteza Positiva apresenta diretrizes e incentiva o desenvolvimento de novas idéias.

Os princípios paradoxais sugerem:

> Caça de Hábitos — procurar os métodos rotineiros que você usa.
> Menu de Métodos — desenvolver um repertório de métodos de tomada de decisão.
> Avaliação com o Cérebro Integral — avaliar o quanto você usa todo o cérebro.
> Contínuo de Habilidades de Tomada de Decisão — equilibrar o prático e o mágico.
> Questionamento Pessoal — fazer perguntas para expor falsas intuições.
> Imagem da Árvore de Decisão — tomar as decisões quando estiver "pronto".
> Diálogo de Debate Interno — debater o racional/intuitivo.

No fim, cada um decide por si, usando qualquer método que desejar. O uso da incerteza positiva para tomar decisões de forma criativa significa escolher entre muitos métodos possíveis e ser flexível e versátil nas suas escolhas. E ser flexível nas suas escolhas significa que podemos nos adaptar às mudanças e viver vidas mais ricas.

> *Sempre que tenho que escolher entre dois males, sempre escolho aquele que ainda não experimentei.*
> Mae West

Um Resumo dos Mandamentos da Escolha
SEGUNDO A INCERTEZA POSITIVA

Os Mandamentos da Escolha são um resumo da Incerteza Positiva com a finalidade de dar alguma orientação na utilização da abordagem 2 x 4 para a tomada de decisão e planejamento do futuro. Visando torná-los fáceis de lembrar e mais críveis, eles são intencionalmente curtos e difusos.

Curtos porque aprendemos que a mente humana só consegue se lembrar de sete coisas de cada vez. Quantas pessoas você conhece que conseguem se lembrar de todos os Dez Mandamentos? Haverá apenas quatro mandamentos, de forma a acomodá-los em menos da capacidade máxima da mente.

Difusos, porque a Lei de Pratt sobre a Compreensão nos diz que "se algo for fácil de entender, ninguém acreditará que é verdadeiro". Por exemplo, quantas pessoas você conhece que agem como se realmente acreditassem na Regra de Ouro? Os Quatro Mandamentos se esforçarão para serem um pouco ambíguos, parcialmente paradoxais e ligeiramente obscuros, de forma que as pessoas estarão mais propensas a se lembrar deles e a agir de acordo com os mesmos.

A Incerteza Positiva é uma abordagem 2 x 4 para tomar decisões quando não sabemos como será o futuro. Ela Inclui duas atitudes: (1) aceitar a incerteza e (2) ter uma atitude positiva em relação a ela. Ela inclui quatro fatores: (1) o que você quer; (2) o que você sabe; (3) em que você acredita; e (4) o que você faz. Os Quatro Mandamentos da escolha são paralelos aos quatro fatores e empregam as duas atitudes.

OS QUATRO MANDAMENTOS

1 Não adorarás falsas metas.

Ter certeza daquilo que se quer e descobrir que não era bem isso que queríamos têm sido um aborrecimento para aqueles que tomam decisões. A solução usual, tentar com mais empenho, para ter certeza, só piora o problema. Às vezes, obter o que se quer é pior do que não atingir o objetivo.

A melhor maneira de não adorar falsas metas é não *adorar* nenhuma meta. Trate as metas como hipóteses. Saiba o que você quer, mas não tenha muita certeza. O paradoxo deste mandamento é que embora você não queira adorar falsas metas, você não pára de estabelecer metas. O processo de determinação de metas é mais importante do que a própria meta. A tomada de decisão deve ser tanto um processo para descobrir metas quanto para atingi-las. "A vida é uma viagem, não um destino."

- Saber o que você quer exige mais do que querer. Exige sonho e realização, sonho e realização, sonho e realização.
- As metas devem orientá-lo, não governá-lo.
- Direcione-se e seja flexível.

Os Quatro Mandamentos (Continuação)

2 Cobiçarás o conselho de teu vizinho.

O que você sabe geralmente é menos do que não sabe. Isto é verdadeiro, mesmo na assim chamada "Sociedade do Conhecimento". E se a realidade está nos olhos daquele que a vê, você deve ter certeza de que a realidade não seja a única realidade que você conhece. "Nada é mais perigoso do que uma idéia quando ela for a única que você tiver" (Emile Chartier).

Assim sendo, obtenha uma segunda ou terceira opinião, a *sua* segunda e terceira opinião, a de seu vizinho, a de seu amigo, a de seu inimigo. E lembre-se, é mais difícil ter lucro a partir de conselhos do que os dar. A informação é o alimento para o pensamento, e não em si mesma. Você não ficará com fome de conhecimento se usar a informação como alimento para o pensamento. Lembrar-se de que você pode não saber mantê-lo-á com uma mente aberta.

O paradoxo deste mandamento é que quanto mais você sabe, mais percebe que não sabe, e, ainda assim, pode tomar uma decisão. Conhecimento é poder, e a ignorância, uma bênção.

- A base para a maioria das novas idéias vem do empréstimo, da adição, da combinação ou da modificação de antigas idéias.
- Ser rico de informação não é ser rico de conhecimento.
- Esteja bem informado e seja prudente.

3 Às vezes cometerás credulidade.

A credulidade é uma predisposição indevida a acreditar naquilo que se quer acreditar, uma tendência ao auto-engano, "pensamento positivo", "fé cega". O paradoxo deste mandamento é que às vezes estas "ilusões" constituem boa saúde mental pessoal e boa estratégia de planejamento. É prudente, às vezes, desenvolver alguma dúvida deliberada, para ter coragem para desafiar suas convicções. Isto ajuda a evitar "auto-engano imprudente". Mas também é prudente, às vezes, ter certa dose de esperança saudável, para desenvolver o "auto-engano prudente".

"Os olhos vêem aquilo que procuram, e eles procuram aquilo que já está na mente." Seria isto "auto-engano imprudente?" Por outro lado, o "Eu" faz coisas que acredita que pode fazer, e aquilo que ele acredita poder fazer é aquilo que opta por acreditar. Seria isso "auto-engano prudente?"

- Aquilo que você acredita que será o seu futuro em parte determina aquilo que ele será.
- Não acredite em milagres — confie neles. (Regra de Finagle, das Leis de Murphy.)
- Seja objetivo e otimista.

4 Honra teu cérebro direito e teu cérebro esquerdo.

Os cérebros direito e esquerdo são metáforas para as mentes intuitivas e racionais. Os dois, naturalmente, não podem ser separados, mas o ponto importante é ser bom no uso dos dois. Duas cabeças pensam melhor do que uma. A sua mente e a tomada de decisão não podem ser separadas. Na verdade, sua mente e a realidade também não.

Ser bom no uso dos dois lados do cérebro implica descartar alguns dogmas de decisão antiquados. Por exemplo, ser racional a qualquer custo, esforçando-se por ser consistente e com propósito antes da ação pode não ser sempre a melhor política. Esta é a abordagem do cérebro prático, esquerdo, no sentido de ser apenas empresarial, equilibrado, razoável e lógico. Mas a abordagem mágica do cérebro direito agora também é necessária. Aqueles que tomam decisões atualmente precisam de uma certa dose de criatividade, correr risco, ser inconsistente, idealista e instintivo.

- Seja racional, a menos que haja um bom motivo para não o ser.
- De vez em quando, parta para uma caçada de gansos selvagens. É para isso que servem os gansos selvagens.
- Seja prático e mágico.

Estes Mandamentos são diretrizes para você, e não cercas para confiná-lo. A abordagem 2 x 4 da Incerteza Positiva é um conjunto de procedimentos potenciais, usando o cérebro integral, para consideração por aqueles que tomam decisões. Mas não se torne um prisioneiro de seus procedimentos. Não se torne uma ferramenta das suas regras. Simplesmente use-as.

A partir do momento que você se convencer que aquilo que faz faz uma diferença, então isso fará uma diferença para aquilo que você faz.

EPÍLOGO

A Incerteza Positiva É Válida?

> *É pela lógica que provamos. É pela intuição que descobrimos.*
> Henri Poincare

A Incerteza Positiva realmente funciona? É impossível testar cientificamente a validade dos princípios da Incerteza Positiva, ou provar qual é o melhor método para tomada de decisão. Se o método científico não pode provar a validade da Incerteza Positiva, o que pode? A resposta, naturalmente é a retrovisão. A retrovisão funciona. Uma das leis avançadas de Murphy explica: "Retrovisão é uma ciência exata."

Usando a retrovisão, você pode aprender com suas decisões. Em vez de usar o método científico inexato para *provar* o poder da Incerteza Positiva, você pode usar a ciência exata da retrovisão para *aumentar* o poder da mesma. O objetivo torna-se aprender, e não confirmar. Afinal de contas, a experiência é a melhor professora. Mas a experiência também é a mais dura das professoras — porque ela primeiro dá o teste e depois, a lição.

Isto nos leva à única lei da Incerteza Positiva: "Se, no começo, você fracassar, está na média." Ou, parafraseando a Lei de Ohm: "Para toda má escolha, existe um regozijo igual, em sentido contrário." Ser capaz de aprender com a experiência é a mais poderosa e paradoxal habilidade de tomada de decisão. "Só existe uma coisa mais poderosa do que aprender com a experiência, e ela consiste em não aprender com a experiência." (Archibald MacLeish). Ou, como destaca Ziggy: "O bom julgamento é produto da experiência. E a experiência é produto do mal julgamento."

Experiência é aquilo que você obtém quando não obtém o que quer. Mas se o aprendizado for o seu objetivo, então sempre obtém o que quer. Deixe a vida lhe ser uma lição. "Todos são professores, toda experiência é uma lição, todo relacionamento é uma linha de estudo" (Marylyn Ferguson).

Assim sendo, quando você estiver incerto sobre seu futuro e tiver que tomar uma decisão, lembre-se de que a Incerteza Positiva:

- faz sentido, mesmo não sendo científica;
- ajuda você a aprender, mesmo quando cometer erros;
- fornece poder, embora não produza prova.

A melhor forma de predizer o futuro é criá-lo. Este livro recomenda que você o crie com a Incerteza Positiva.

REFERÊNCIAS BIBLIOGRÁFICAS

ACKOFF, Russell. *Redesigning the Future.* New York: Wiley, 1974.

DE BONO, Edward. *Six Thinking Hats.* Boston: Little and Brown, 1985.

EYRE, Linda e Richard. *Life Balance.* New York: Ballatine Books, 1987.

FERGUSON, Marilyn. *The Aquarian Conspiracy.* Los Angeles: J. P. Tarcher, 1980.

GELATT, H. B. Positive Uncertainty: A New Decision Making Framework for Counseling. *Journal of Counseling Psychology*, v. 36, n. 2, p. 252-256, 1989.

GOLDBERG, Philip. *The Intuitive Edge.* Los Angeles: J. P. Tarcher, 1983.

GOLDE, Roger. *Muddling Through.* New York: AMACOM, 1976.

JANIS, Irvin, MANN Leon. *Decision Making.* New York: Free Press, 1977.

KAUFMANN, Draper. *Teaching The Future.* Palm Springs, California: ETC Publications, 1976.

MARCH, James. Model Bias in Social Action. *Review of Educational Research*, n. 42, p. 413-429, 1975.

MICHAEL, Donald. *On Learning to Plan and Planning to Learn.* São Francisco: Josey-Bass Publishers, 1973.

PRYOR, Hesketh, PRYER Robert e GLEITZMAN, Melanie. Making Things Clearer by Making Them Fuzzy: Counseling Illustrations of a Graphic Rating Scale. *Career Development Quarterly*, Darlinghurst Australia, v. 38, n. 2, p. 136-147, 1989.

TAYLOR, Shelly. *Positive Illusions.* New York: Basic Books, 1989.

WURMAN, Richard. *Information Anxiety.* New York: Doubleday, 1989.

Anotações

Anotações

Entre em sintonia
com o mundo

QualityPhone:
0800-263311

Ligação Gratuita

Rua Felipe Camarão, 73
20511-010 – Rio de Janeiro – RJ
Tels.: (021) 567-3311/3322
Fax: (021) 204-0687

E-Mail: quality@unisys.com.br

Dados Técnicos

Formato: 20,5 x 25,5

Mancha: 15,00 x 21,50 cm

Corpo: 10.5

Entrelinha: 12

Fonte: Palatino

Total de páginas: 88